Comprendre

W0342688

Théo Compernolle

Traduit et adapté du néerlandais
par Thérèse Suys, Cécile Hayez et Denis Melckenbeeck

Révision scientifique
de Violaine Verougstraete, Philippe Kinoo et Jean-Yves Hayez

Du calme !

Manuel pour l'éducation des enfants hyperactifs

Préface
de Marie-Christine Mouren-Siméoni
Hôpital Robert Debré, Paris

Postface
de Jean-Yves Hayez
Université catholique de Louvain

De Boeck & Belin

Édition originale:
Théo Compernolle - *Zit still*
Éditions Lanoo, 1991

© De Boeck & Larcier s.a., 1997
Département De Boeck Université
Paris, Bruxelles
pour la traduction en langue française

1ère édition 1997
2e tirage 1998
3e tirage 1999
4e tirage 2000

Toute reproduction d'un extrait quelconque de ce livre, par quelque procédé que ce soit, et notamment par photocopie ou microfilm, est strictement interdite.

Imprimé en Belgique

ISBN De Boeck 2-8041-2260-3
D 1997/0074/ 6
ISBN Belin 2-7011-2254-6

Préface

Si l'hyperactivité est reconnue comme un trouble à part entière par les professionnels de la santé de l'enfant aux États-Unis comme dans nombre de pays de l'Union Européenne, il n'en est pas encore de même en France où l'«Hyperactivité-Syndrome» est loin de faire l'unanimité quant à sa définition clinique, ses causes et son traitement.

Mais au delà des polémiques, souvent nourries d'a priori et de quiproquo, il existe des enfants et des familles qui souffrent et demandent de l'aide. L'ouvrage de Theo Compernolle, le seul existant à notre connaissance en langue française, sur la guidance des parents d'enfants hyperactifs, vient à point répondre à une attente et combler un manque. Nombreux sont ceux qui attendent sa parution, conscients d'être trop souvent dans l'impasse, en échec, dévalorisés dans le regard de l'autre et de l'enfant hyperactif lui-même. Non seulement l'auteur déculpabilise les parents mais il leur donne des outils pour gérer le comportement de l'enfant, leur confère une place active dans le processus thérapeutique et les rend responsables du changement. Au fil des pages, le lecteur appréciera certainement, comme nous, les exemples cliniques illustratifs, les conseils éducatifs face à des situations-problèmes, les résumés clairs à la fin de chaque chapitre, des données à retenir et des points à appliquer, l'explication de chaque terme du vocabulaire spécialisé.

La grande expérience de l'auteur concernant «la gestion» des hyperactifs et de leur entourage, son respect pour ces patients en détresse (respect qu'il invite chacun à éprouver pour l'autre), font de «Reste tranquille!» un livre constructif et optimiste.

Notre certitude est que cet ouvrage connaîtra un succès mérité et qu'il aidera chacun à évoluer dans ses pratiques et ses comportements.

Marie-Christine MOUREN-SIMEONI
Professeur des Universités – Chef du Service
de Psychopathologie de l'Enfant et de l'Adolescent
de l'hôpital ROBERT-DEBRÉ – Paris

Note des traducteurs :
A qui s'adresse l'ouvrage ?

Théo Compernolle adresse d'abord et avant tout son livre aux parents, éducateurs et enseignants d'enfants nerveux et bruyants, répartis selon ses termes en «normalement» hyperactifs et «super-hyperactifs». Il a fait au profit de ses lecteurs un remarquable effort pour traduire des concepts scientifiques en un langage accessible et concret. Le «cœur» de son ouvrage, c'est-à-dire les chapitres deux à cinq, fourmille même d'idées sur l'éducation qui intéresseront vivement tous les parents et pas seulement ceux d'enfants dits nerveux ou à problèmes. Le fait que ce livre est devenu un best-seller en Belgique néerlandophone et aux Pays-Bas, sans autre publicité que le bouche à oreille, montre combien les parents y ont trouvé des conseils enrichissants, simples, pratiques et efficaces.

Il est d'ailleurs hautement souhaitable que les spécialistes consultés par ces parents connaissent le livre, eux aussi, pour pouvoir partager avec ces derniers le très riche bagage d'informations autour de l'éducation qui le constitue. Ils pardonneront, je l'espère, quelques simplifications de langage et de conceptualisation présentes dans les premiers chapitres. Dans la dernière partie de l'ouvrage, en supplément du texte de T. Compernolle, J. Y. Hayez s'adresse plus particulièrement à ces professionnels francophones de la santé, spécialement à ceux qui sont sceptiques face au comportementalisme, pour faire le point et sur l'hyperkinésie et sur la place possible du comportementalisme dans une démarche d'ensemble.

L'équipe de traduction :

T. Filleul - Suys, C. Hayez, J.-Y. Hayez,
P. Kinoo, D. Melckenbeeck, V. Verougstraete

Lisez d'abord ceci

1. L'intention : Un livre pour les parents d'enfants hyperactifs

Ce livre est destiné aux parents qui ont le sentiment de dire à leur enfant au moins cent fois par jour, sur tous les tons et ce sans beaucoup de succès «Reste tranquille!». «Reste tranquille» dans toutes ses variations, depuis «Tiens-toi tranquille!» et «Ne t'agite pas comme ça!» à «Fais un peu plus attention!» et «Doucement!».

Ce livre est destiné aux parents d'enfants qui n'ont pas de freins. Des enfants, qui par leur agitation continuelle, provoquent de plus en plus de problèmes, à eux-mêmes comme à autrui. Des enfants qui de ce fait, se développent moins bien que ce que leur intelligence semble promettre.

Ce livre est conçu comme un «mode d'emploi» : il a pour objectif de vous aider à canaliser avec amour, tendresse et fermeté, l'agitation excessive de votre enfant pour ramener celle-ci à une mobilité normale. Si tout se passe bien, votre enfant restera comme un poulain qui dévore la vie à pleines dents. Le but n'est évidemment pas d'élever votre enfant pour en faire une marionnette ou un esclave engourdi. Cela ne risque d'ailleurs pas de se produire avec les méthodes qui sont décrites dans ce livre, car elles sont essentiellement basées sur les encouragements et les récompenses. *Reste tranquille* est une aide pour apprendre à votre enfant à mieux gérer ses qualités et à surmonter autant que possible ses handicaps éventuels.

Reste tranquille a été écrit pour les parents d'enfants hyperactifs. Stimulés par les associations de parents, nous avons commencé la rédaction de deux autres ouvrages : un premier pour les parents d'adolescents hyperactifs, un second pour ces adolescents eux-mêmes.

2. Le point de départ : Les préoccupations de parents d'enfants super-hyperkinétiques

La première version de ce guide a été écrite en 1984, pour un projet de recherche à la Katholieke Universiteit van Leuven. Cette recherche concernait des enfants qui, par leur hyperactivité et leur impulsivité extrêmes, vivaient et provoquaient constamment de sérieux problèmes (dégâts matériels, exaspération des autres,...). Ce groupe restreint d'enfants hyperactifs présentait également, de façon chronique, de grandes lacunes d'attention et de concentration; chez eux, on pouvait raisonnablement faire l'hypothèse d'une participation du cerveau à leurs problèmes (fragilité, dynamisation, voire lésions). C'est eux que nous appellerons «enfants atteints du syndrome hyperkinétique» ou encore, pour parler comme les Américains, «enfants ADHD».

Dans l'étude de la K.U.L. il a été démontré que des parents, avec l'aide de ce guide et de six séances hebdomadaires de thérapie familiale, ont pu provoquer une amélioration très nette dans le comportement de leur enfant. Plus tard, le guide fut répandu par l'association de parents «Zit stil» et utilisé par des centaines de parents d'enfants hyperactifs, ou d'enfants vraiment atteints de syndrome hyperkinétique (ADHD).

Dans le dernier chapitre de ce livre, je vous proposerai une description plus détaillée des caractéristiques principales de l'ADHD, afin que vous puissiez vérifier si votre enfant appartient ou non à cette catégorie particulière. Si vous pensez que c'est le cas, il vaut mieux consulter un pédopsychiatre.

3. Ce qui m'a motivé à aller de l'avant : L'enthousiasme de parents d'enfants «normalement» hyperactifs

Via le bouche à oreille, de plus en plus de parents d'enfants «normalement» hyperactifs ont découvert le guide *Reste tranquille*. Par l'expression «enfants normalement hyperactifs», j'entends les enfants qui n'ont pas vraiment le syndrome hyperkinétique, mais qui se caractérisent néanmoins par une manière d'être fréquemment extravertie, dispersée ou/et opposante. Mon guide a donc été lu par les parents et apprécié. Je pense par exemple aux parents d'enfants «chefs de bandes», «éternels vauriens» et autres «pur-sang» indomptables, pleins de tempérament, trop remuants et débordants d'énergie, des enfants attachants, mais qui parviennent à affoler leurs parents. Les questions pressantes de ces parents m'ont stimulé à réécrire le guide initial sous la forme d'un «mode d'emploi» destiné aux parents de tous les enfants hyperactifs.

4. Ma source d'inspiration : Les questions de parents d'enfants hyperactifs

En écrivant *Reste tranquille*, j'ai tenu compte des données trouvées dans une centaine de recherches scientifiques. Mais je me suis efforcé autant que possible de me tenir à distance des sujets à propos desquels scientifiques et spécialistes discutent volontiers, mais dont l'utilité concrète pour les parents s'avère parfois douteuse. Ce livre se veut donc une réponse aux questions que les parents me posaient toujours plus. Je me suis basé sur ce que les parents trouvaient important ou nécessaire et sur ce qu'ils appréciaient le plus comme conseils ou explications.

5. Mes critiques : parents, enseignants, thérapeutes et enfants hyperactifs

Le guide initial contenait un formulaire d'enquête. De cette manière, les utilisateurs pouvaient formuler leurs critiques et poser des questions. Sur base des réactions de ces parents, thérapeutes, éducateurs, enseignants et enfants, le texte a été adapté un certain nombre de fois. Jusqu'à ce qu'un éditeur enthousiaste m'ait incité à en faire un véritable livre.

Je tiens à remercier particulièrement Bieke Meert, l'énergique présidente co-fondatrice du groupe de travail de parents «Zit stil» et qui, parallèlement, dirige un centre d'étude et d'accompagnement. Elle m'a donné beaucoup de conseils utiles et a rassemblé toutes sortes de «recettes» provenant des parents et groupes de parents qui avaient utilisé mes écrits.

6. Mon plus grand stimulant : les réactions des enfants hyperactifs eux-mêmes

Lorsque dans ma pratique, je vois pour la première fois des enfants hyperactifs, la plupart avec leur famille, je constate qu'ils sont rarement très heureux. Il est souvent émouvant de voir combien ces enfants essayent de faire de leur mieux, mais échouent et retombent dans les mêmes difficultés. Certains sont réellement dépressifs, d'autres se réfugient dans une attitude bravache ou indifférente. Lorsque les parents, avec l'aide du «mode d'emploi» que je leur propose, modifient leur approche de l'enfant, les débuts sont souvent difficiles : c'est une période de transition où l'enfant teste les nouvelles règles et qui peut être très conflictuelle. Quand les parents tiennent le coup, le poulain déchaîné finit par accepter les rênes.

Chaque fois, je suis impressionné de voir comment peuvent changer ces enfants capricieux, tristes et fâchés. Ils deviennent plus heureux, plus joyeux, plus enthousiastes à partir du moment où les parents ont repris le contrôle, avec tendresse et fermeté. Devenus de jeunes adultes, ils me racontent parfois la difficulté, mais aussi l'importance, de ce moment où leurs parents ont, de commun accord, envisagé l'éducation de façon différente.

7. Pas un livre de lecture mais un livre de travail pour des parents et leurs «collaborateurs» à la maison et à l'école

Les conseils de ce livre sont plus efficaces quand les deux parents se libèrent chaque jour – entre 15 et 30 minutes – pour les lire et en discuter. En effet les parents qui ont déjà lu ce guide s'accordent pour dire qu'il contient beaucoup d'informations et qu'il est préférable de ne pas le lire d'une seule traite, mais par morceaux. Lisez ensemble un passage et échangez vos impressions. Faites-le, cela vaut vraiment la peine ! Nous le savons par expérience : c'est en travaillant ensemble que vous obtiendrez le plus rapidement les meilleurs résultats. Distribuez ce texte aux membres de la famille, aux amis, aux connaissances et aux enseignants qui ont régulièrement à faire à votre enfant. On atteint des résultats surprenants quand tous les adultes responsables se coordonnent pour suivre la même ligne de conduite.

8. Plan de lecture

J'ai tenté d'écrire ce livre dans un langage aussi compréhensible que possible. Pourtant je n'ai pu éviter de temps à autre un terme technique. Avec tous ces termes techniques, j'ai composé un petit dictionnaire de poche. Bien qu'il ne constitue pas une lecture passionnante, je vous conseille de le parcourir.

Le livre est divisé en six chapitres.

Le premier chapitre concerne les causes les plus fréquentes de l'hyperactivité.

Dans les deuxième et troisième chapitres, vous trouverez des directives concrètes pour désapprendre quelque chose à votre enfant de manière efficace et agréable. L'efficacité de cette approche a été démontrée scientifiquement, notamment auprès d'enfants ayant de petits et/ou de graves problèmes de comportement. Pour faire face à une situation problématique, il est utile de suivre les directives à la lettre pendant un certain temps.

Les conseils d'éducation présentés dans le quatrième chapitre sont spécifiquement destinés aux enfants présentant un vrai syndrome hyperkinétique. Ils sont basés sur mon expérience de thérapeute avec plusieurs dizaines d'enfants, qui présentaient outre leur agitation et leur nervosité extrême, de l'impulsivité, des troubles de l'attention, de la concentration, et de l'apprentissage. Pour ces enfants, que j'appelle aussi «ADHD», toutes les recommandations figurant au chapitre 4 se sont avérées très importantes; pour les autres – c'est-à-dire la majorité, les enfants «normalement» hyperactifs – vous pouvez puiser ce qui vous semble le plus adapté.

Parce qu'une bonne collaboration entre les parents est d'une extrême importance, j'y ai consacré un cinquième chapitre tout à fait indépendant.

Dans le sixième chapitre, je donne plus d'explications à propos des enfants atteints d'un syndrome hyperkinétique, ou ADHD.

9. Si ce livre ne suffit pas, cherchez de l'aide!

Si malgré ce mode d'emploi, il vous semble que vous n'êtes pas apte à ramener le comportement de votre enfant sur la bonne voie, n'attendez pas trop longtemps pour demander de l'aide à des professionnels. Veillez à choisir un thérapeute qui connaît quelque chose à propos du syndrome hyperkinétique. Veillez aussi à ce que, parmi toutes ses convictions de thérapeute, il attache de l'importance au travail mené avec toute la famille !

Si vous ne savez pas où aller, demandez conseil à votre médecin traitant, à un centre PMS (centre psycho-médico-social attaché à l'école de votre enfant), ou à un centre de santé mentale. S'ils existent dans votre région, vous pouvez aussi demander conseil à un des groupes de parents d'enfants ADHD. Ces gens savent mieux que quiconque où vous pourrez trouver la meilleure aide dans votre entourage ou dans votre région. C'est en outre un énorme soutien que de pouvoir échanger des réflexions avec d'autres parents d'enfants très difficiles. Je vous invite donc avec enthousiasme à vous organiser.

Si vous mettez sur pied un groupe d'entraide, vous pouvez demander conseil auprès du groupe flamand «Zit stil» qui existe depuis bientôt quinze ans ! Cette organisation de parents solidaires a vraiment réussi à attirer l'attention de professionnels, de thérapeutes, d'écoles et même du gouvernement sur les problèmes spécifiques de leurs enfants : fidèle à la devise nationale belge, leur union constitue une force considérable ! Voici leur adresse :

«ZIT STIL». Secrétariat central : Begijnhof 35, 9150 DENDERMONDE
Tél. 052/21 25 88 pendant les heures de bureau, ou 052/21 79 27 après 20h.

En Belgique francophone, vous pouvez vous adresser à :

«APPUIS», rue des Champs-Elysées 62 à 1050 Bruxelles. Tél. 02/640 04 27.

Et en France ? Nos recherches ne nous ont pas permis d'identifier semblable association. Si elle(s) existe(nt), qu'elle(s) nous pardonne(nt), et nous transmette(nt) bien vite leurs coordonnées… pour une prochaine édition !

Petit dictionnaire de poche

Explication de quelques termes techniques que vous entendrez ou lirez souvent en rapport avec l'hyperactivité de votre enfant.

ADHD : Abréviation de «Attention Deficit Hyperactivity Disorder». On préfère maintenant cette appellation à celles qui l'ont précédée, telles que «syndrome hyperkinétique», MBD ou atteinte cérébrale. Les professionnels estiment que le syndrome peut parfois privilégier une des ces composantes : c'est-à-dire l'attention déficitaire, l'incapacité à se concentrer, l'énorme distractibilité… ou alors l'impulsivité, l'agitation perpétuelle, la nervosité du corps; dans d'autres cas enfin, toutes les composantes sont également présentes. ADHD est un terme général, par lequel nous désignons aussi bien les dysfonctionnements que les atteintes cérébrales.

Centre PMS : En Belgique, les centres psycho-médico-sociaux rattachés aux écoles pour dépister les problèmes chez les élèves, soit en apportant leur aide directement, soit, si cela est nécessaire, en les confiant à des thérapeutes spécialisés. Dans d'autres pays, on parle de psychologues scolaires.

Chargé d'enseignement de soutien : Enseignant qui offre son aide à des enfants qui ont des difficultés d'apprentissage et des troubles d'apprentissages pas trop graves. Un chargé d'enseignement de soutien peut rendre de bons services en apprenant à un enfant de meilleures méthodes d'étude ou en aidant à rechercher la raison pour laquelle il preste en-deçà de ses possibilités intellectuelles. (Parfois un chargé d'enseignement de soutien est appelé *remedial teacher*).

Coordination (et troubles de la coordination) : La coordination est une sorte de collaboration organisée. Pensez à une équipe de football : onze joueurs de haut niveau peuvent perdre contre onze joueurs moins bons, si ces joueurs de haut niveau ne collaborent pas de manière organisée et coordonnée. De la même manière, nos sens doivent travailler ensemble de manière organisée, tout comme nos sens avec nos muscles… Il arrive que les sens et les muscles ne présentent aucun trouble fonctionnel en soi, mais qu'ils ne parviennent pas à travailler en harmonie. Dans ce cas, nous parlerons de «trouble de la coordination» (voir chapitre 6).

Délinquant : Quelqu'un qui commet des méfaits, qui trompe, vole, ment, maltraite les autres.

Diagnostic : Il s'agit de la reconnaissance ou de la dénomination d'une maladie suite à l'observation de certains signes et phénomènes. Certains symptômes sont décelés grâce à un regard attentif (par exemple, l'hyperactivité ou la motricité maladroite); d'autres ne se révèlent qu'après la réalisation d'examens médicotechniques (prise de sang, radiographie, électro-encéphalogramme).

Dyscalculie : Difficultés à calculer (voir aussi : *dysfonctionnement*).

Dysfonctionnement : On parle de dysfonctionnement lorsqu'un organe ou un système, sans être nécessairement lésé, ne fonctionne pas bien. Il est possible qu'il soit mal réglé, ou que ses composants soient mal coordonnés. Un excellent moteur à essence fonctionnera mal (= dysfonctionnement) si par exemple l'allumage se fait trop tôt ou trop tard. Une équipe de bons joueurs de football peut mal jouer (= dysfonctionnement) si les joueurs ne jouent pas bien ensemble. Dans un cerveau en bon état, quelque chose peut mal fonctionner si par exemple ses différents éléments sont organisés entre eux de manière insuffisante. (Voir aussi : *troubles de la perception* et chapitre VI).

Dyslexie : Difficultés à la lecture (voir aussi : *dysfonctionnement, troubles de la perception*).

Dysorthographie : Difficultés à l'écriture (voir aussi : *dysfonctionnement, troubles de la perception*).

EEG (Électro-encéphalogramme) : Nos cellules cérébrales émettent de petits courants électriques imperceptibles. Dans notre cerveau, plusieurs milliers de cellules travaillent simultanément. L'ensemble de tous ces petits influx est assez important pour être mesuré à l'extérieur du crâne. Nous appelons cela une *électro-encéphalographie* : celle-ci nous permet de voir, à la surface du cerveau, si de grands groupes de cellules cérébrales réagissent de manière perturbée. Cependant si, chez un enfant hyperactif, l'atteinte cérébrale est très légère, elle ne sera pas visible sur l'EEG. Avec les techniques «scanner» de pointe, encore souvent expérimentales, on peut démontrer que chez beaucoup d'enfants ADHD, une petite partie du cerveau ne fonctionne pas tout à fait bien. Alors qu'avec le seul EEG, on ne découvre aucune anomalie.

Enfants hyperactifs : Ce sont les enfants dont il s'agit dans ce livre. Ils vivent et provoquent des problèmes à cause de leur comportement longuement, largement et intensément extraverti. Cette «extraversion» recouvre en proportion variable : l'agitation motrice ou posturale, le désordre, le bruit, l'impulsivité, l'affirmation de soi intempestive. Elle est d'autant plus liée à l'inattention et au défaut de concentration que l'on se rapproche du sous-groupe «ADHD». L'angoisse, la mauvaise image de soi et le sentiment d'injustice sont aussi fréquemment présents, et l'on ne sait pas toujours s'il s'agit de causes ou de conséquences de leur comportement agité. Un peu schématiquement, nous en avons distingué deux catégories : les «normalement» hyperactifs et ceux qui sont atteints du syndrome hyperkinétique (ADHD). Chez ces derniers, l'agitation, l'incoordination psychomotrice, l'inattention et l'impulsivité sont des plus extrêmes et on observe souvent une atteinte cérébrale. L'expérience montre que la plupart des enfants hyperactifs sont des garçons. C'est la raison pour laquelle nous utiliserons dans ce livre le pronom masculin «ils» pour les désigner.

Enseignement spécial : En Belgique, il s'agit de l'enseignement pour des enfants porteurs d'un handicap. Il en existe 8 types. Les enfants hyperactifs qui fréquentent cet enseignement spécial sont le plus souvent en type 3 ou 8. Pour certains enfants hyperactifs, cet enseignement a de réels avantages, par exemple :

- quand ils apprennent difficilement suite à leur comportement dérangeant,
- quand ils ne peuvent pas suivre le rythme de l'enseignement normal à cause de leurs problèmes d'apprentissage.

Épilepsie : L'épilepsie se produit quand une partie des cellules cérébrales se comporte de manière déviante, ce qui provoque entre autres des mouvements divers et des crampes. C'est une sorte de décharge électrique dans le cerveau. Quand la «décharge» reste circonscrite, il n'y a pas de crise visible, mais plutôt des symptômes limités. Dans de rares cas, l'épilepsie ne se traduit que par des troubles de comportement.

Étiologie psychosociale : On parle d'étiologie psychosociale lorsque le comportement problématique de l'enfant est provoqué par le stress, ses états d'âme, ses relations avec les autres, la façon dont il traite les autres et dont les autres le traitent. Beaucoup de thérapeutes réunissent le psychique et le social dans l'expression «psychosocial», parce que ces deux concepts sont en pratique difficiles à distinguer. Par exemple, ce que nous ressentons est influencé par nos relations avec les autres. Mais nos relations avec eux sont en même temps influencées par nos sentiments.

Handicapé intellectuel ou mental : Quélqu'un qui ne dispose pas de possibilités de compréhension suffisantes, qui a un quotient intellectuel (QI) bas. Autrefois on parlait en termes de *débile* et *imbécile*. Cela ne se pratique plus maintenant, car ces mots comportent une connotation péjorative.

Hyperkinétique : Terme composé du grec «hyper» : très, trop, exagéré et «kinésis» : mouvement. Donc : très remuant, exagérément remuant. Dans ce texte, nous réserverons l'appellation «hyperkinétique» à nos cas les plus graves, c'est-à-dire aux enfants qui souffrent d'ADHD.

Impulsif : Personne qui agit sans réfléchir. Dans certaines situations, il est bon d'agir impulsivement et de suivre sans trop réfléchir une intuition soudaine. Mais quelqu'un qui agit constamment de manière impulsive court le risque de faire beaucoup de bêtises, même s'il est très intelligent.

Intelligence : Capacités intellectuelles.

Labilité : Le fait d'être d'humeur changeante. La labilité émotionnelle est une variabilité trop importante des états d'âmes, des sentiments.

MBD : A l'origine, il s'agissait de l'abréviation de «Minimal Brain Damage», ce qui veut dire : *lésion cérébrale réduite et légère*. Plus tard, cela a été utilisé comme abréviation de «Minimal Brain Dysfunction», ce qui veut dire : *petit dysfonctionnement cérébral*. Au fil du temps, le terme est tombé en désuétude, parce qu'on ne parvenait pas à détecter les lésions que l'on supposait exister. Pourtant, actuellement, les moyens les plus modernes d'exploitation du cerveau montrent souvent que, quand on a à faire à des enfants atteints d'ADHD il existe certaines dysfonctions du cerveau. C'est le cas par exemple si on explore le métabolisme des différentes zones cérébrales.

Parents : Ce sont deux personnes qui, lorsqu'elles ont un enfant hyperactif, supportent de manière injuste la responsabilité de tous les problèmes qui accompagnent cette hyperactivité (voir chapitre 5).

Pensée séquentielle : Penser par petites étapes. Par exemple, pour réaliser un cake, «je prends d'abord...puis je fais... alors...» Ou encore : «quand je pose mon mouchoir sur la lampe, il devient chaud, puis..., alors..., ensuite..., donc, il vaut mieux que je ne le fasse pas». Certains enfants atteints d'ADHD éprouvent des difficultés à penser spontanément de manière séquentielle.

Psychopharmacologie : C'est la science qui traite des médications qui exercent une influence sur le fonctionnement du cerveau, et de là sur le comportement. De vrais enfants ADHD s'améliorent parfois bien sous l'effet de médicaments, notamment les psycho-stimulants (voir aussi chapitre 6).

Remedial teacher : voir *chargé d'enseignement de soutien.*

Super-parents : Ce sont les parents qui réussissent à bien élever un enfant hyperactif. Ils méritent notre admiration, ainsi que toute notre compréhension et notre soutien, même si de temps à autre ils perdent courage et baissent les bras.

Symptôme : Terme technique médical pour désigner une caractéristique ou un signe de maladie. Par exemple, l'hyperactivité est un des nombreux symptômes du syndrome ADHD.

Syndrome : Il s'agit d'un terme technique médical, utilisé pour désigner un ensemble de signes de maladie, une série de caractéristiques qui surviennent conjointement. Le syndrome ADHD par exemple, se caractérise par le groupe de symptômes suivant : hyperactivité, troubles de l'attention, impulsivité...

Thérapie cognitive : Thérapie par laquelle on apprend au patient comment il peut changer ses manières de penser spontanées et qui lui font du tort (voir chapitre 6).

Troubles : Dans ce livre, nous ferons la distinction entre *troubles* et *difficultés*. Nous parlerons de *troubles* quand il y a des signes qu'un symptôme est directement provoqué par une anomalie dans le fonctionnement du cerveau. On appelle *trouble de maturation* une anomalie qui se résorbe avec l'âge. Nous utiliserons le terme *difficultés* quand les problèmes sont provoqués par divers facteurs psychosociaux. (Voir aussi *dysfonctionnement, troubles de la perception*).

Troubles de l'apprentissage : voir *dysfonctionnement, troubles de la perception, dérangement.*

Troubles de la perception : Il s'agit d'un problème qui se présente lorsqu'il s'agit d'intégrer, de décoder ce que les sens perçoivent. Pensez à une conversation : le son doit être traduit en impulsions nerveuses. A leur tour, ces impulsions doivent être correctement déchiffrées, comprises et retenues par le cerveau. Même chez un enfant intelligent et qui entend bien, quelque chose peut «déraper» dans le déchiffrage des impulsions nerveuses. Parfois, l'information qui vient des sens n'est pas filtrée, pas tamisée. Dans le flot des choses à voir et à entendre, certains enfants hyperactifs (souvent les enfants souffrant d'ADHD), n'arrivent pas à trier ce qui est important. Ou encore, ce qui arrive par un sens (l'oreille par exemple) gêne ce qui entre par un autre (par exemple l'œil). D'autres troubles de la perception gênent la lecture (dyslexie) ou l'écriture (dysorthographie). (Vous trouverez plus de renseignements à ce sujet au chapitre 6; voir aussi *dysfonctionnement*).

Exemple préalable

Les parents de Johan furent les premiers avec qui nous avons abordé un problème sérieux selon les règles de ce manuel.

Johan avait à l'époque cinq ans. Un garçon intelligent, mais totalement intraitable et épouvantablement turbulent. Désobéissant sans limites, il détruisait tous les jouets, y compris ceux de son petit frère. Il frappait et battait les enfants du voisinage et ses camarades d'école. Personne ne voulait plus jouer avec lui. Il avait démoli les haut-parleurs de l'installation stéréo de son père. Dès que ses parents le quittaient des yeux, ne fût-ce qu'une minute, il provoquait de gros problèmes pour les autres et pour lui.

C'était grave et surtout dangereux. Par exemple à la plage, la mère était obligée d'attacher son fils au moyen d'une corde allant de sa cheville à la chaise-longue. Johan n'avait plus que quelques mètres de liberté de mouvement et sa mère plus aucun. Johan n'admettait rien de ce qui provenait de ses parents et n'obéissait d'aucune manière. Il avait par ailleurs acquis un sérieux retard par rapport aux autres enfants de son âge, qui s'habillaient seuls, mangeaient seuls, et pouvaient établir entre eux des relations normales, etc.

Un jour, alors qu'elle était occupée à la cuisine, sa mère entendit un chahut terrible. Elle courut vers le living et vit Johan occupé à donner des coups avec une planche sur l'aquarium de son père. Il avait arraché la planche à la bibliothèque ! Sa mère lui cria de cesser immédiatement son petit jeu. Là-dessus, Johan donna à sa mère un coup de planche dans la poitrine, ce qui lui fit très mal. La mère se fâcha et donna une fessée à son fils. Sentant qu'elle était très énervée, elle eut peur de ne plus pouvoir se contrôler. Aussi elle enferma le garçon dans sa chambre et courut demander de l'aide à une voisine. La voisine accompagna la maman. Quand elles ouvrirent la porte de la chambre, il leur sembla qu'une tornade y était passée. Le contenu des tiroirs était répandu sur le sol, le matelas était éventré et Johan donnait des coups sur la lampe avec un parapluie. La voisine téléphona au père de Johan. Il arriva immédiatement. Tous ensemble, – le père, la mère, Johan et la voisine – vinrent alors en urgence à la consultation de pédopsychiatrie.

Trois semaines plus tard, le problème était résolu. Le père avait dû prendre une semaine de congé, car il était impossible à la mère de gérer toute seule le programme de rééducation proposé. Johan apprit d'abord à obéir. Ensuite seulement, il apprit à s'habiller lui-même, à jouer tout seul, à aider sa mère, etc. C'était une métamorphose totale, presque trop belle pour être vraie, mais nous gardons encore un certain nombre de cassettes vidéo comme «pièces à conviction».

Maman pouvait enfin aller à la plage sans devoir attacher Johan à sa chaise comme un chiot mal élevé. Elle avait sur elle un sifflet d'arbitre qu'elle utilisait de temps à autre comme appel. Johan se montrait alors et sa mère savait où il était et avec qui il jouait. La liberté de Johan et de sa maman a pu ainsi s'accroître.

Un concours de circonstances montra quelques semaines plus tard que ce retournement de situation n'était pas dû au hasard et que c'était effectivement notre méthode qui avait provoqué l'amélioration. Un jour, la machine à laver provoqua une inondation dans toute la maison de Johan; par ailleurs le père de sa mère tomba malade, et en se hâtant pour aller le voir, celle-ci se coinça le doigt dans une porte. Dans son désarroi, la mère oublia la «nouvelle approche» et Johan retomba dans ses anciennes habitudes : il devint à nouveau intraitable. Un coup de téléphone suffit pour remettre chacun sur la bonne voie. Un mois et demi plus tard, tout était à nouveau rentré dans l'ordre et les règles ont pu être adaptées de manière plus souple.

La maman avait reçu pas mal de remarques élogieuses de la part de la famille, des amis et voisins, qui avaient constaté chez Johan un changement radical. Nous avons alors démarré avec un petit groupe de parents qui se sont mis à étudier cette approche pour résoudre les problèmes avec leurs enfants.

Maintenant, sept ans plus tard, Johan va à l'école secondaire. Ses parents n'ont plus rencontré avec lui d'autres problèmes que ceux posés par la vie quotidienne et par une puberté normale.

(Extrait de : M. Bisschop et T. Compernolle, *J'apprends à me débrouiller*, Bruxelles, René Malherbe, 1988).

Chapitre 1 *A propos des nombreuses causes de l'hyperactivité*

1. Les causes les plus fréquentes de l'hyperactivité

On peut répartir les causes les plus fréquentes du comportement hyperactif en quatre groupes :

- CAUSES PSYCHOSOCIALES : influences perturbantes provenant de l'environnement telles que le stress, l'angoisse, les émotions, une éducation erronée, l'hyperactivité d'un des parents…
- FACTEURS HÉRÉDITAIRES : facteurs dont dépend un tempérament paisible ou agité; par exemple, atteintes cérébrales non héréditaires, lésions ou dysfonctionnement du cerveau.
- ATTEINTES CÉRÉBRALES NON HÉRÉDITAIRES : constituées par des lésions ou par des dysfonctionnements. S'il y a lésion, un endroit du cerveau est abîmé. S'il y a dysfonctionnement, on ne découvre rien d'abîmé et pourtant le cerveau ne fonctionne pas tout à fait normalement.
- HYPERSENSIBILITÉ ALIMENTAIRE : hypersensibilité à certains produits alimentaires.
- COMBINAISONS DE CAUSES.

Causes psychosociales

La cause de l'hyperactivité d'environ deux tiers des enfants hyperactifs est extérieure à eux-mêmes : elle est souvent de nature psychosociale : stress, difficultés à la maison ou à l'école, niveau scolaire trop élevé ou trop faible, méthodes d'éducation erronées, laxisme, mauvais traitements, événements graves comme un décès, le chômage ou une maladie dans la famille…

Un enfant normal mais trop peu dirigé par ses parents ou un enfant qui vit dans une famille où l'ambiance est tendue, peut devenir hyperactif et impulsif. Un enfant qui se trouve dans une classe où il ne parvient pas à suivre connaîtra des difficultés d'apprentissage, des difficultés à rester paisible et à se tenir tranquille…

Si votre enfant est hyperactif à cause d'une tension, du stress ou de l'angoisse, il faudra, avant de les traiter, en rechercher la source.

Si toute la famille collabore, l'hyperactivité due à des problèmes psychosociaux sera résolue en quelques semaines ou quelques mois. Il y a pourtant une exception importante : lorsque le développement de l'enfant a déjà été compromis dans ses plus jeunes années à cause de la négligence, du laxisme ou des mauvais traitements physiques ou/et sexuels. De tels troubles du développement exigent parfois des années d'aide spécialisée.

Facteurs héréditaires

Des facteurs héréditaires jouent un rôle dans l'hyperkinésie de certains enfants, mais il est rare qu'ils la déterminent à eux seuls : les influences de l'entourage (signalées plus haut) viennent s'ajouter pour faire basculer les choses.

En quoi consistent ces facteurs héréditaires ?

1. Le plus souvent, ce sont simplement des gènes qui font partie du capital génétique propre à chaque personne. Il faut bien les examiner avant de déterminer s'ils provoquent ou non une anomalie. Ce que nous désignons comme *tempérament remuant* de l'enfant découle plutôt de la mise en place d'un «état particulier de la constitution».

   Nous pouvons comparer ce phénomène à la taille du corps : ce sont surtout des facteurs héréditaires qui déterminent la taille que nous atteindrons. La moitié des hommes mesurent entre 1m73 et 1m82. Mais il y a des hommes qui sont plus petits que 1m60 ou plus grands que 2m. Ils ne sont pas anormaux pour autant, ils appartiennent seulement à la minorité. Ce qui ne les empêche pas de rencontrer certains

problèmes : ils trouvent moins facilement que les autres des vêtements de confection, on se moque parfois d'eux, les grands rentrent la tête dans les épaules, ils ne trouvent pas de lit adapté à leur taille...
Il en est de même avec l'hyperkinésie des enfants : ils héritent d'un tempérament plus ou moins remuant. La plupart des enfants sont «normalement» remuants, mais un petit groupe est extrêmement tranquille ou extrêmement remuant.

Si l'hyperkinésie est provoquée par cette répartition génétique particulière, il est possible que vous découvriez que des membres de votre famille ont eu dans leur enfance des problèmes d'hyperkinésie et qu'ils en souffrent peut-être encore.

2. Parfois les gènes «remuants» sont tellement développés que l'enfant devient un enfant ADHD. Dans ce cas on peut dire que les gènes ont amené un dysfonctionnement, une dysmaturation dans le cerveau, bien qu'il n'y ait pas de lésion. Sans doute que certains produits chimiques, comme la dopamine, nécessaires au bon fonctionnement du cerveau, ne sont pas en quantité optimale... Ou alors, ce sont certains circuits cérébraux qui ne se spécialisent pas bien. Dans ce cas, on assiste parfois à une correction de l'anomalie pendant la croissance : la dysmaturation du cerveau aura été transitoire... Mais dans d'autres cas, le dysfonctionnement est irréversible. L'expression clinique du dysfonctionnement étant lourde et intense, ce sont surtout ces enfants que l'on appelle ADHD.
3. Dans des cas beaucoup plus rares, on repère une franche anomalie d'un chromosome : cela se produit surtout quand les enfants ont un chromosome X fragile, ce qui peut altérer également leur intelligence.

Atteinte cérébrale non héréditaire

D'autres facteurs que les facteurs génétiques peuvent être responsables d'un dysfonctionnement cérébral. Ces autres facteurs nocifs provoquent soit de graves lésions soit des lésions légères ou minimes, mais suffisantes pour provoquer une atteinte cérébrale. Parfois de tels dysfonctionnements donnent l'impression de se mettre en place de manière autonome et inexplicable et il est impossible de repérer des altérations anatomiques. Pourtant il est évident qu'il existe des anomalies organiques (mais pas anatomiques).

Pensez à un moteur : parfois il ne tourne pas rond parce que quelque chose est cassé ou mal fabriqué (dans le cerveau on appelle cela une «lésion» ou une «altération anatomique»); parfois un moteur en parfait état ne tourne pas rond parce que quelque chose est mal réglé ou parce que l'essence est de mauvaise qualité (dans le cerveau on appelle cela un « dysfonctionnement »).

De nombreux types d'agression du cerveau sont à l'origine de ces atteintes cérébrales. En voici quelques exemples :

- maladies et autres influences nocives pendant la grossesse
- naissances difficiles, provoquant des défauts d'oxygénation
- méningites, accidents, empoisonnements au plomb… : l'hyperkinésie peut alors se combiner à l'épilepsie, au handicap moteur, au retard intellectuel.

Une lésion cérébrale est pratiquement irréparable. Heureusement il peut arriver que les « bonnes » parties du cerveau prennent en charge la part de travail que les zones abimées n'assument plus. Quand, par exemple, il y a une lésion dans l'hémisphère gauche, l'hémisphère droit prendra le relais (phénomène de « compensation »).

Ce groupe de lésions cérébrales était désigné autrefois *Minimal Brain Damage*, ce qui signifie *très petite lésion au cerveau.*

Hypersensibilité alimentaire

Si vous n'avez pas l'habitude de boire du café et que vous buvez quelques tasses de café très fort l'une à la suite de l'autre, il se peut que vous deveniez très agité, voire très remuant et que vous ne puissiez trouver le sommeil pendant plusieurs heures. Cette agitation a été provoquée par la présence d'une substance excitante dans la boisson. Certaines personnes deviennent déjà très nerveuses après une demi-tasse de café : nous disons alors qu'elles sont hypersensibles au café.

En médecine, on parle d'hypersensibilité (allergie) lorsque le corps réagit de manière exagérée à des quantités minimales d'une substance donnée. Par exemple, lorsqu'une piqûre d'abeille provoque le gonflement de toute la jambe. Certains enfants sont hypersensibles à des colorants et à des conservateurs alimentaires particuliers et réagissent alors en étant hyperactifs, voire agressifs. Cependant cela ne concerne qu'une faible minorité des enfants atteints d'hyperactivité. Dans quelques cas très rares [1], il se peut qu'un enfant soit allergique à des aliments naturels tels que le lait et les céréales, même déclarés sans additifs. On désigne parfois cette hypersensibilité par le terme « allergie alimentaire », mais cette dénomination n'est pas correcte, médicalement parlant.

1. Ces cas sont beaucoup plus rares que certains magazines populaires ne le suggèrent.

Dépister une telle hypersensibilité est un vrai travail d'exploration. C'est le rôle de l'allergologue (médecin spécialisé dans les allergies). Cependant, la plupart des tests cutanés utilisés n'apportent qu'une faible certitude diagnostique. La peau peut fortement réagir à des substances qui n'exercent pas d'influence sur le comportement et inversement des substances qui ont une nette influence sur le comportement n'entraînent pas de réaction cutanée. La plupart du temps, on ne détecte cette sensibilité qu'avec la collaboration d'une diététicienne. Elle pourra par exemple conseiller un régime strict (basé sur une alimentation dont les chances de déclencher une réaction allergique sont quasiment nulles), puis y ajouter progressivement des substances suspectes et guetter les réactions de l'enfant (au moyen de scores quotidiens). Cela reste un travail très délicat.

Combinaison de causes

L'hyperactivité peut provenir d'une combinaison de causes. C'est fréquent et cela rend l'examen, le diagnostic et le traitement souvent très difficiles.

EXEMPLE 1

Christophe est hyperactif suite à un léger trouble de fonctionnement cérébral. Il présente aussi de graves problèmes d'apprentissage. Ceux-ci ne sont cependant pas la conséquence directe de la défaillance minime du cerveau. Ils sont provoqués indirectement par l'hyperactivité.

cause	→ conséquence	→ conséquence indirecte
trouble cérébral	→ hyperactivité	→ difficultés d'apprentissage

Figure 1

EXEMPLE 2

A l'inverse de Christophe, Jean-François souffre d'un dérangement cérébral qui le limite dans ses apprentissages. Suite à cela, il ne suit pas bien en classe et a des ennuis avec sa famille et l'école. Il devient alors hyperactif.

cause	→ conséquence	→ conséquence indirecte
trouble cérébral	→ difficulté d'apprentissage, ennuis relationnels	→ hyperactivité

Figure 2

EXEMPLE 3

Dans d'autres cas, l'hyperactivité est la conséquence d'un simple concours de circonstances. Par son hérédité, Denis est très remuant. Il grandit dans une famille où son éducation est peu structurée. Suite à cela il court plus de risques qu'un autre enfant de réagir par une agitation exagérée et dérangeante. Prises isolément, les deux causes ne suffisent pas pour provoquer une hyperactivité perturbante, mais combinées elles précipitent la décompensation.

Tempérament remuant +	approche inadéquate de l'enfant	→ hyperactivité
Tempérament remuant +	approche correcte de l'enfant	→ pas d'hyperactivité
Tempérament ordinaire +	approche inadéquate	→ peu de chances qu'il y ait hyperactivité

Figure 3

EXEMPLE 4

Des cercles vicieux peuvent aussi se former. Les répercussions négatives qu'un tempérament hyperactif a sur les parents, la famille et les enseignants aggravent souvent les difficultés. Les parents essaient un peu tout, mais sans résultat. Ils commencent alors à se faire des reproches mutuels ou deviennent déprimés. L'ambiance familiale devient pesante et négative et la famille se décompose. C'est une catastrophe, car le problème de comportement d'un enfant trop remuant empire dans une telle situation familiale. A la longue, il devient impossible de déterminer la cause première : c'est la question de « l'œuf ou la poule ? ».

Cause
↓
L'enfant devient plus hyperactif
les problèmes d'éducation augmentent

Figure 4

Vous comprendrez qu'il est souvent difficile de dégager la cause précise d'une hyperactivité dérangeante. C'est pour cela qu'un enfant hyperactif doit être bien examiné. Et ce d'autant plus quand il existe à côté de l'hyperactivité d'autres problèmes et peut-être un syndrome ADHD. Aucun spécialiste ne peut appréhender cela tout seul ! Seul un groupe de spécialistes travaillant en collaboration est en mesure de découvrir ce qui se passe exactement. Idéalement, cette équipe spécialisée devrait se composer d'un pédopsychiatre, d'un orthopédagogue et/ou d'un psychologue qui a entre autres l'habitude de tests neuropsychologiques. Elle peut éventuellement être complétée par un pédiatre, un neurologue pour enfants ou neuropédiatre, un thérapeute psychomotricien, un orthophoniste et d'autres spécialistes.

2. La gravité de l'hyperactivité dépend d'un concours de circonstances

Le comportement de votre enfant est toujours tributaire de plusieurs influences qui agissent simultanément. Par exemple, un enfant né avec un tempérament trop remuant ne présentera pas pour autant un comportement problématique. Cela va dépendre de beaucoup d'autres facteurs. Vous pouvez comparer cela avec un enfant qui aurait des dispositions musicales particulières. Il ne deviendra pas pour autant Mozart ou un des Beatles. Pour permettre à ces dispositions de se développer, il faudra réunir plusieurs conditions : du côté de l'enfant (il doit par exemple disposer d'une intelligence suffisante et être persévérant) et du côté de son entourage (par exemple, la stimulation de parents musiciens, la fréquentation d'une bonne école de musique...).

En considérant le rapport entre les aptitudes de départ et l'éducation, on peut repérer certains enfants chez qui le type d'éducation s'avérera le facteur négatif déterminant. Avec pour conséquence que l'enfant deviendra hyperactif, alors que cela ne dépend pas que de lui; chez d'autres enfants, c'est leur constitution particulière, par exemple un léger trouble cérébral, qui sera déterminante. L'enfant sera hyperactif, même s'il a d'excellents parents. Pour compliquer encore les choses, toutes ces causes rejaillissent les unes sur les autres. Un enfant qui a tendance à être hyperactif, influencera ses parents. Si bien que des parents au départ de bonne volonté peuvent être perturbés par l'hyperactivité de leur enfant et ne plus parvenir à le contrôler, ce qui aggrave encore le problème.

3. La cause précise de l'hyperactivité n'est souvent pas dépistable

Un problème qui se pose aux thérapeutes et cliniciens est que des causes totalement différentes peuvent avoir des conséquences identiques. Cela vaut aussi dans le cas des enfants hyperactifs.

Imaginez-vous la situation suivante : après un match de football dans un stade géant, des centaines de voitures quittent le parking. Dix autos sont en panne. Le problème est le même pour toutes : le moteur ne démarre pas. C'est le signe (symptôme) le plus évident. Mais la cause peut être différente pour chacune des dix voitures. Pour déceler la cause, nous cherchons d'autres signes (symptômes). Certains sont visibles : la jauge d'essence est à zéro, les feux sont éteints, le tuyau d'échappement sent fort l'essence, il n'y a pas d'étincelle de la bougie vers le bloc moteur. On pourra alors découvrir la cause : manque d'essence, batterie à plat, moteur noyé, problème d'allumage. Quand les signes ne sont pas visibles, nous avons besoin d'instruments précis. Et si cela ne suffit toujours pas, il faut conduire la voiture dans un garage afin de la faire examiner à l'aide d'un appareillage spécialisé.

Il en va de même avec l'hyperactivité (symptôme). L'hyperactivité de dix enfants différents peut avoir des causes qui diffèrent considérablement de l'un à l'autre. Pour découvrir la cause, nous devons rechercher d'autres signes. Quand les signes accessoires (symptômes) sont suffisamment clairs, la cause est parfois facile à découvrir. Par exemple, lors de l'examen neurologique d'un enfant hyperactif, on peut constater des anomalies à l'EEG. On peut alors faire l'hypothèse qu'il existe un dysfonctionnement cérébral ou même une petite lésion cérébrale.

Parfois nous voyons exactement les symptômes d'une petite lésion cérébrale, mais nous ne parvenons pas à la déceler avec un examen ordinaire ! Cela reste alors une supposition, une présomption. Les méthodes les plus récentes d'investigation cérébrale limitent énormément les incertitudes diagnostiques.

La preuve d'un dysfonctionnement dans le cerveau est le plus souvent fournie par l'examen neuropsychologique. Cet examen nous donne aussi des indications utiles pour le traitement à suivre. Mais en ce qui concerne l'identification de la cause précise – une petite lésion ou un léger dysfonctionnement – cet examen reste très imprécis. Il permet donc par exemple de mettre en évidence un défaut significatif de concentration ou de coordination. Ce trouble pourra alors être traité par des rééducations, des méthodes orthopédagogiques ou par une thérapie psychomotrice. Et heureusement, cela donne parfois de très bons résultats, même si la cause du dysfonctionnement n'est pas connue avec précision.

4. Pour les parents, il est cependant important de rechercher autant que possible la cause des problèmes de leur enfant

Certains thérapeutes nous demandent pourquoi nous attachons tellement d'importance à rechercher ce qui est précisément à l'origine des problèmes. D'autant plus que dans de nombreux cas nous ne pourrons rien changer à la cause elle-même, car elle n'est pas «guérissable». Ils trouvent plus important d'analyser d'abord le comportement à problème, les côtés négatifs et positifs de l'enfant hyperactif, pour ensuite mettre sur pied un mode d'éducation qui réduit ou fait disparaître les problèmes de comportement.

Selon nous, ces collègues n'ont que partiellement raison. Nous sommes d'accord avec eux sur le fait qu'il faut avant tout cerner les problèmes de près, et ensuite chercher la meilleure approche thérapeutique. Mais il est également essentiel de rechercher la cause du comportement hyperactif, car il y a parfois moyen d'agir sur elle pour la réduire.

Quand un enfant est hyperactif suite à des facteurs psychosociaux, on peut espérer que la suppression de ces facteurs apportera une amélioration, voire une résolution du problème. Deux tiers des enfants hyperactifs appartiennent à cette catégorie. Avec une approche correcte, ou peut remédier à leurs difficultés en quelques semaines ou quelques mois.

S'il s'agit d'un léger problème cérébral (lésion ou dysfonctionnement), les parents et les enseignants se trouvent devant une situation différente : même si l'approche psychologique et pédagogique est excellente, le problème ne disparaîtra pas définitivement. De minute en minute, d'heure en heure, jour après jour, l'enfant doit être abordé de manière particulière. Les parents et les enseignants peuvent seulement espérer qu'une approche adéquate permettra de limiter *l'expression* pénible du problème. Ils peuvent aussi espérer que cela s'arrangera à la puberté, mais ce n'est pas sûr. Quoi qu'il en soit, les parents doivent avoir connaissance de cet éventuel problème cérébral. Sinon, ils risquent de se culpabiliser et de se faire des reproches inutiles l'un à l'autre. Or, comme nous l'avons vu, leurs sentiments de culpabilité et leurs reproches ne font qu'aggraver le problème.

EXEMPLE

Aujourd'hui, j'ai revu Bruno, un garçon de treize ans, qui était en échec complet à l'école. Déjà à l'école primaire, il avait la réputation auprès des enseignants d'être paresseux et de mauvaise volonté, entre autre parce qu'il oubliait des lettres en écrivant des mots, et parce qu'il lisait très mal. Ses parents avaient consulté beaucoup de spécialistes, qui les avaient culpabilisés en critiquant leur mode d'éducation. La situation ne s'améliorait pas pour autant : Bruno était de plus en plus pénible et remuant. En première secondaire, un enseignant suggéra en conseil de classe qu'il pourrait y avoir un problème d'apprentissage. Et Bruno fut envoyé à notre polyclinique.

L'examen a révélé qu'il était dyslexique et ADHD. Avec des conseils plus ciblés et avec des médicaments, le comportement de Bruno est redevenu normal. Non seulement il était beaucoup plus calme, mais il se comportait de manière plus sociale et parvenait à travailler. La dyslexie restait grave, inchangée, mais comme il pouvait mieux se concentrer grâce aux médicaments, l'apprentissage s'est déroulé beaucoup mieux et les cours particuliers ont donné de meilleurs résultats.

Vous comprenez que les parents et les éducateurs ont intérêt, quand c'est possible, à connaître l'étiologie du trouble. Ceci peut leur éviter d'avoir des exigences inadaptées au problème de l'enfant. Quand nous ne nous interrogeons pas sur la cause de l'hyperactivité, nous courons le risque de ne pas tenir compte des réels problèmes de l'enfant et donc de lui en demander trop (comme dans le cas de Bruno) et inversement.

Une autre raison qui nous pousse à rechercher la cause des problèmes de comportement vient du fait que trois quarts des enfants atteints d'ADHD peuvent être aidés par des médicaments. En général nous sommes opposés à l'idée de donner des médicaments aux enfants. Aussi nous voulons éviter d'en donner à des enfants qui n'en ont pas vraiment besoin : on ne peut pas prescrire de médicaments à des enfants dont l'hyperactivité est due à des raisons purement psychosociales

Enfin, nous voulons continuer à rechercher les causes, et à trouver des méthodes pour les détecter, afin de détecter de mieux en mieux de légères anomalies. Par des recherches continues, nous espérons à la longue pouvoir mieux les traiter et les éviter autant que possible.

Résumé

L'hyperactivité peut être provoquée par des causes très différentes :

- causes psychosociales
- facteurs héréditaires
- atteintes cérébrales non héréditaires, sous forme de lésions ou de dysfonctionnements
- hypersensibilité alimentaire
- combinaison de causes

La gravité des signes dépend d'un concours de circonstances. L'éducation joue dès lors un rôle très important. Souvent nous ne pouvons pas déterminer la cause exacte. Heureusement, les examens nous donnent la plupart du temps des lignes de conduite pour le traitement.

Chapitre 2 *Comment apprendre le mieux possible quelque chose à un enfant*

Les parents d'enfants hyperactifs reçoivent souvent le conseil «Ayez donc un peu de patience avec votre enfant». C'est une expérience de vie assez courante : quelqu'un qui vient de l'extérieur pense se débrouiller mieux que les personnes concernées et se permet de donner, sans qu'on les lui demande, des avis à propos de tout : maison, jardin, cuisine... Or la patience est un très beau mot, mais elle ne permet pas toujours de résoudre les problèmes d'un enfant hyperactif et encore moins ceux d'un enfant atteint d'ADHD. Les «trucs» habituels auxquels la plupart des parents se réfèrent pour éduquer leurs enfants ne suffisent pas avec ces enfants-là. Cependant il est possible de mettre l'enfant et son comportement sur de bons rails, en se tenant de manière plus stricte qu'avec d'autres enfants aux règles de l'apprentissage de la vie sociale. Ces règles ont été dégagées à partir des recherches scientifiques portant sur les manières d'apprentissage ou de désapprentissage des êtres humains.

1. Le comportement est quelque chose d'observable

En tant que parent, vous essayez de donner une signification à un comportement déterminé de votre enfant. Vous essayez de rechercher les motivations profondes de ce comportement, car vous désirez être en mesure de vous l'expliquer raisonnablement. Vous voulez connaître les raisons d'agir de votre enfant. C'est difficile : si votre enfant crie, vous supposez qu'il est fâché. S'il pleure, vous pensez qu'il a mal quelque part. Mais vous en êtes rarement certain. Si votre enfant pleure au lit dans le noir, peut-être est-ce de peur. Mais peut-être s'ennuie-t-il, peut-être n'aime-t-il pas rester seul, peut-être a-t-il faim, peut-être craint-il une dispute entre son père et sa mère… peut-être, peut-être, peut-être…

Nous devons bien distinguer «observation» et «supposition» et ne pas les confondre. C'est ainsi qu'un sentiment (ordre de la supposition) de fureur n'est pas la même chose que le comportement (ordre de l'observation) qui l'accompagne. Ce qui est observable, ce sont les injures, les coups de pieds, les cris… Il s'agit là de façons de se comporter, qui sont modifiables. Par contre, le sentiment de colère est quelque chose que l'on ne peut ni ne doit désapprendre à un enfant.

2. Le comportement n'est pas quelque chose d'isolé

En examinant l'environnement d'un enfant, le contexte d'apparition de son comportement, nous pouvons parfois comprendre si l'enfant a vraiment peur ou si nous devons chercher une autre explication à son comportement. De la même manière, si un enfant est hyperactif, ce peut être à la suite de beaucoup d'influences. Pour bien comprendre le comportement d'un enfant hyperactif, vous devez donc tenir compte de la situation dans laquelle ce comportement surgit : en famille, à l'école ou chez des amis. Nous devons toujours considérer le comportement d'un enfant hyperactif dans son contexte.

EXEMPLE

L'instituteur de Benoît (troisième année) formulait beaucoup de plaintes à propos de l'activité excessive de l'enfant. Les parents affirmaient qu'à la maison il n'y avait aucun problème à ce niveau. Nous nous demandions comment les problèmes pouvaient être tellement différents dans le cadre de l'école et de la maison. Un examen psychologique a été réalisé, mais il n'offrit aucune piste. Nous avons alors demandé à une jeune collègue d'aller jeter un coup d'œil à l'école de Benoît. Elle découvrit qu'il était tyrannisé par un autre garçon.

Benoît n'en avait jamais parlé et les enseignants n'avaient rien remarqué. Quand notre collègue raconta à Benoît ce qu'elle avait vu, il fondit en larmes et lui raconta une longue histoire de tracasseries et de chantage. Comme les enseignants se montraient peu collaborants pour résoudre le problème, les parents ont changé leur enfant d'école. L'agitation et l'hyperactivité cessèrent du même coup.

3. Le comportement est quelque chose d'acquis

Un enfant apprend à marcher, à utiliser les toilettes, à s'habiller seul… il apprend à lire, à écrire, etc. Un enfant apprend cela de son entourage. Le comportement est acquis. C'est ainsi que chez certains enfants l'hyperactivité – c'est-à-dire le comportement hyperactif – peut être acquise ! Par contre chez d'autres enfants elle sera plutôt la conséquence d'un dysfonctionnement cérébral, les processus d'apprentissage pouvant aggraver l'hyperactivité.

Nous devons toujours bien nous demander quelles sont les aptitudes dont un enfant dispose lorsqu'il veut apprendre un nouveau comportement. Et ce surtout chez un enfant présentant les signes du syndrome hyperkinétique : il faut faire réaliser un bon examen par différents spécialistes pour rechercher quels sont exactement ses points faibles et ses points forts, afin de bien cerner ce que nous pouvons ou non attendre de l'enfant.

4. Les enfants apprennent des autres et inversement

Les enfants apprennent d'autres enfants et des adultes. Par exemple, si vous êtes d'un caractère plutôt irritable, le risque est grand que votre enfant aussi se fâche facilement. Si vous frappez facilement, il y a de grandes chances que votre enfant apprenne aussi à être agressif. Si un parent est impatient et hyperactif, l'enfant peut aussi « apprendre » à l'être.

Inversement, les adultes apprennent de leurs enfants ! Par exemple, Pierre tourne en rond dans la maison, agité comme un lion en cage. Son père lui donne une solide gifle. Pierre s'arrête. En s'arrêtant, Pierre apprend à son père que dans une telle situation, frapper constitue une méthode efficace pour faire cesser le manège, ne fût-ce qu'un court moment.

5. Apprendre, au début, c'est surtout imiter

L'apprentissage commence par l'imitation. Si votre enfant imite un comportement que vous trouvez positif, encouragez ses efforts, même si à vos yeux le résultat reste encore imparfait et décevant. Parfois, ces imitations spontanées sont plutôt rares. Dans ce cas vous pouvez aider votre enfant en les faisant d'abord avec lui. Quoi qu'il en soit, n'oubliez pas la récompense ! Nous devons garder en mémoire que la première phase de l'apprentissage est l'imitation. La récompense de cette imitation est un encouragement à continuer à apprendre.

6. Un nouveau comportement doit être appris de manière très simple et concrète

« Rester tranquille » : qu'est-ce que cela veut dire exactement ? « Être calme » : essayez d'expliquer clairement à un enfant ce que vous entendez par là ! Il est primordial d'être clair quand vous vous adressez à un enfant ! Un nouveau comportement, chaque comportement que vous voulez enseigner à votre enfant, doit lui être d'abord décrit en termes très simples, de manière à ce que chacun soit en mesure de comprendre sans équivoque ce que vous attendez et de le raconter exactement après vous.

EXEMPLE

Les parents de Bernard trouvent qu'il doit se montrer beaucoup plus gentil, plus amical. Ils le lui ont déjà demandé des centaines de fois, mais sans résultat. Ils ne s'étaient pas suffisamment arrêtés à l'idée qu'« être amical » est une notion beaucoup trop vague pour un enfant. « Être amical » représente pour chacun quelque chose de différent. Un enfant ne peut pas apprendre un comportement formulé dans des termes aussi vagues. C'est pourquoi les parents de Bernard ont dû chercher en eux-mêmes ce qu'ils entendaient exactement par « être plus gentil ». Est-ce que cela signifie ne pas contredire ? Ne pas donner de coups de pieds à son petit frère ? Fermer les portes doucement ? Aider à débarrasser la table ? Partager ses jouets avec d'autres enfants... ? Là, le message est clair : il s'agit de comportements concrets, reconnaissables. Après avoir exposé les objectifs en termes simples, et avoir abordé le comportement de cette façon, la conduite de Bernard a commencé à s'améliorer.

Il est très important, surtout pour un enfant hyperactif avec ADHD, que les directives soient sans équivoque et extrêmement simples. Inscrivez-les : il vaut mieux une petite liste de directives très simples qu'une seule directive difficile. Ces parties de comportement, qui rassemblées forment un comportement bien défini, peuvent être enseignées à un enfant beaucoup plus rapidement et efficacement qu'un seul comportement compliqué.

En effet, avant d'enseigner un comportement compliqué à votre enfant, vous devez l'avoir analysé, c'est-à-dire l'avoir divisé en petites étapes. Vous saisirez alors beaucoup mieux la difficulté d'un apprentissage aussi compliqué, ainsi que le chemin que l'enfant doit parcourir avant d'atteindre son but et le vôtre. Il vous apparaîtra clairement que vous demandez l'impossible en voulant tout en une fois. Enseignez à votre enfant une, au maximum deux étapes du comportement à la fois : vous constaterez combien s'accroissent les chances de succès à mesure que vous simplifiez.

En tant que parents, vous devrez aussi décider ensemble quelles sont vos priorités, quel type de comportement vous voulez modifier en premier lieu. Bien sûr, vous ne pouvez pas apprendre ou désapprendre trois ou quatre choses en même temps à un enfant hyperactif. Vous devrez choisir et vous mettre d'accord sur ce sujet. Si votre enfant tourne en rond toute la journée, est désobéissant, est grossier, se bat, ne fait pas ses devoirs d'école, laisse traîner ses vêtements, vous devrez décider de ce que vous traiterez en premier. A ce propos, sachez que l'obéissance constitue souvent le premier objet du choix.

Vous ne pouvez enseigner efficacement un nouveau comportement qu'une fois divisé en petites étapes et décrit en termes très simples et pratiques.

7. L'encouragement est nécessaire à l'apprentissage d'un nouveau comportement

Un enfant a énormément de choses à apprendre. Il est d'ailleurs étonnant qu'il baisse les bras aussi rarement. Voyez la différence entre un enfant de quatre mois et un enfant de quatre ans ! L'enfant a appris presque tous les gestes qu'il finit par poser spontanément. Nous trouvons cela normal, mais en fait, c'est un miracle.

Votre enfant a appris à ramper, à se tenir debout, à marcher, à parler, à s'habiller, à être propre, à fréquenter les autres, à obéir, à rester seul... Une liste interminable de comportements chaque fois totalement neufs, appris grâce à une attention sans faille. Votre enfant persiste dans ses efforts, tantôt parce qu'il reçoit de votre part une foule d'encouragements, tantôt parce que le comportement porte sa récompense en lui-même.

Un encouragement est une forme de récompense. Chaque fois que votre enfant fait quelque chose et en est récompensé, il sera tenté non seulement de le refaire, mais aussi de le faire mieux. Il va même essayer d'y ajouter quelque chose de nouveau. En l'encourageant, les parents enseignent spontanément à leur enfant un comportement.

EXEMPLE

Papa, debout sur un pont, les jambes écartées et les mains dans le dos, regarde la circulation. Le petit Paul arrive près de lui, s'installe les jambes écartées, ses mains dans le dos. Maman trouve le tableau adorable, rit en direction de Paul, lui caresse la tête et dit : «Grand garçon, tu ressembles à ton père!». Paul, tout fier, regarde son père. Grâce au comportement de sa mère, il y a des chances que Paul imite encore bien plus le comportement de son père : stimulé par sa mère, il apprendra encore davantage de son père.

La règle d'or de l'apprentissage dit ceci : *un comportement encouragé immédiatement, a d'autant plus de chances d'être répété.*

Le comportement est encouragé lorsqu'il entraîne une conséquence agréable. Un «c'est bien», un baiser, un «merci bien», une friandise, un clin d'œil, un regard admiratif, un petit extra... sont autant de récompenses à un comportement souhaité. Le comportement est aussi encouragé lorsqu'il a pour conséquence de faire cesser une situation désagréable : manger met fin à la sensation de faim; obéir fait cesser les lamentations du père ou de la mère; réussir à ouvrir la porte satisfait la curiosité.

Parfois, les parents ne trouvent pas nécessaire d'encourager leur enfant, et encore moins de le récompenser quand il fait quelque chose de «normal» à leurs yeux, quelque chose qu'il doit arriver à faire de toute façon. Ils trouvent superflu, voire incongru, de stimuler leur enfant à bien faire quelque chose. Alors qu'ils considèrent le fait de punir leur enfant (s'il ne fait pas bien quelque chose ou s'il ne le fait pas du tout) comme la chose la plus naturelle au monde. En d'autres termes, ils trouvent les punitions très ordinaires et les récompenses anormales. Cela semble dur, mais c'est une constatation fréquente. Il est inné dans notre culture de faire beaucoup plus attention à ce que quelqu'un fait de travers et de le punir pour cela que de le complimenter pour ce qu'il fait bien. Ce n'est pas la bonne tactique.

Des recherches scientifiques, nous avons retiré pas mal d'enseignements à ce sujet :

1. Un comportement peut difficilement être enseigné sans le moindre encouragement ou la moindre récompense.

2. La punition accroît souvent le comportement non souhaité (elle entraîne donc l'effet contraire).

3. Les encouragements contribuent à créer une ambiance plaisante et positive, où l'apprentissage d'un nouveau comportement est considéré comme agréable, tant par l'enfant que par les parents.
4. La punition mine l'influence positive des parents.
5. Les parents qui encouragent leur enfant reçoivent en retour un maximum d'encouragements; ils sont récompensés par leurs enfants.
6. Les gens choisissent pour amis ceux qui les encouragent le plus.
7. Encourager donne à un enfant de la confiance en lui-même : il apprendra plus vite à se débrouiller. Les encouragements stimulent sa créativité et sa bonne volonté à prendre des initiatives. L'abondance de punitions sape la confiance en soi et fonctionne comme un frein.

Donner des encouragements est encore beaucoup plus important lorsqu'il s'agit d'un enfant hyperactif que d'un autre enfant! Même s'il fait les choses de son mieux, cela se passe tellement mal que sa confiance en lui est continuellement minée. Or, la confiance en soi est terriblement importante. C'est pourquoi : *encouragez-le!* En tant que parents, nous encourageons spontanément toutes sortes de comportements de nos enfants. Mais nous pouvons le faire de manière un peu plus consciente, mieux organisée.

Sachez que les encouragements et les récompenses n'ont rien à voir avec le fait de gâter un enfant. Vous ne gâtez votre enfant que lorsque vous l'encouragez et le récompensez alors qu'il ne se conduit pas bien (voir chapitre 3).

8. Les encouragements sociaux sont les meilleurs

Quand nous parlons d'encourager et de récompenser, vous peut-être penserez à de l'argent, à des cadeaux de valeur. Nous appelons ce type de récompense des «renforcements ou encouragements matériels». Dans ce domaine, il y a aussi des friandises, des chips, des fruits, des bons points, des bandes dessinées, des pièces de jeux… Les encouragements matériels sont tangibles, autant pour celui qui les donne que pour celui qui les reçoit.

Il existe d'autres formes d'encouragements et de récompenses; notamment le fait de prêter de l'attention, en touchant, en caressant, en tapotant, en embrassant, en riant, en regardant avec admiration, en approuvant, en applaudissant, en poussant des cris de joie… Nous nommons cela des «encouragements ou renforcements sociaux». Ils ne sont pas vraiment tangibles, ils possèdent une autre valeur que les renforcements matériels.

Les encouragements sociaux ne coûtent rien. Nous en avons toujours une réserve inépuisable sous la main. Vous pouvez en donner cent par jour, vous pouvez en espérer autant de retour. Sans les encouragements sociaux, nous serions complètement paralysés.

C'est ainsi que prêter tout simplement attention est un encouragement social très important. Aussi important que de manger et de boire !

Punir n'est pas agréable, mais c'est une autre façon de prêter attention. C'est pourquoi la punition devient parfois un encouragement à persévérer dans un comportement non souhaité, surtout lorsque l'enfant en question ne reçoit que peu d'attention positive.

A côté des encouragements matériels et sociaux, nous connaissons encore une troisième forme d'encouragement : «l'activité encourageante». Nous entendons par là, par exemple, une promenade ensemble, pouvoir jouer avec la calculatrice de papa, aller au lit une demi-heure plus tard.

Pour les enfants hyperactifs, – surtout au début d'un nouvel apprentissage – nous devrons utiliser souvent des encouragements matériels. Un encouragement matériel a l'avantage d'être un geste de récompense clair et concret. Vous donnez quelque chose de concret en échange de quelque chose de concret. Les encouragements matériels sont souvent utiles quand la relation entre parent et enfant est devenue si difficile que la gentillesse et / ou d'autres encouragements sociaux ont un effet nul, voire contraire à l'effet souhaité.

Un des meilleurs encouragements que nous connaissons se produit quand quelqu'un remarque que nous avons réussi quelque chose. Cela est aussi valable pour votre enfant. Voilà pourquoi vous devez donner à votre enfant une réelle chance de réussir, pour obtenir ce que vous lui demandez. La route vers le but final doit donc être divisée en petites étapes de manière à ce que chaque pas soit franchi avec succès.

9. Encouragez toujours immédiatement et répétez vos encouragements.

Vous devez encourager de manière conséquente, et répéter l'encouragement pendant une longue période. Votre enfant verra au fil du temps le rapport entre son comportement et la récompense qu'il reçoit. Ce lien doit être sans équivoque et clairement reconnaissable. Vous devez prendre votre enfant «en flagrant délit d'amélioration» ! Si vous laissez s'écouler un laps de temps trop long entre le comportement et l'encouragement, le lien qui les unit disparaît, et ce d'autant plus vite pour un enfant hyperactif, qui éprouve des difficultés à fixer son attention sur une seule chose.

Il est bien sûr impossible de répéter certaines récompenses chaque jour, par exemple aller dans un parc d'attractions, faire les magasins, aller nager ensemble. Dans ce cas, mettez sur pied une sorte de système d'épargne : un nombre de points convenu à l'avance donne droit à la récompense finale.

Exemple 1

Les parents de Luc (13 ans) avaient été très déçus. Luc avait envie d'un nouveau vélo. Ses parents avaient pensé que le lui donner motiverait Luc à être moins agressif. Ils lui promirent le vélo pour son prochain anniversaire, à condition qu'il n'y ait plus, dans les six mois à venir, d'explosion d'agressivité. Mais le jour qui suivit cette décision, Luc s'était déjà montré fameusement agressif : une récompense qui arrive six mois plus tard ne motive pas la plupart des enfants (hyperactifs). En accord avec ses parents, nous avons élaboré un nouveau projet. Sur une grande feuille de papier, Luc a dessiné un vélo dans un paysage. Il a ensuite découpé le dessin en morceaux à la manière d'un puzzle. Il fut convenu qu'il recevrait une pièce du puzzle chaque fois que deux jours se seraient déroulés sans agressions. Cette pièce serait collée sur une autre feuille de papier accrochée au mur. Une fois les dessin complété, Luc recevrait le vélo. Il reçut déjà une pièce «bonus» pour démarrer le puzzle. De cette manière, les parents ont pu encourager le bon comportement au fur et à mesure et le vélo promis au départ devint très motivant.

Plus il est difficile pour un enfant d'apprendre quelque chose de nouveau, plus il faut se tenir strictement à la règle : *il vaut mieux de petits encouragements et récompenses, répétés au coup par coup et immédiats, qu'une grosse récompense après un certain temps*. Si votre enfant fait bien ce qui lui est demandé une première puis une seconde fois, il devient important de ne plus le récompenser systématiquement, mais seulement de temps à autre. Le nouveau comportement appris s'accroche mieux que si vous le récompensez chaque fois. C'est seulement lorsque le nouveau comportement est devenu bien intégré et naturel que vous pouvez même abandonner la récompense de temps à autre.

Exemple 2

Jean avaient quelques difficultés à obéir. Chaque fois qu'il réussissait malgré tout à être obéissant, ses parents lui donnaient un petit *bloc de Légo®. Finalement il en avait toute une série. Pour Jean, c'était une récompense importante, claire et compréhensible. Beaucoup plus par exemple que s'il avait reçu une énorme boîte de Légo® après deux mois d'obéissance. Jean comprenait clairement le lien entre des comportements d'obéissance et la récompense directe par un bloc de Légo®. Il n'aurait jamais pu voir le lien entre un comportement obéissant d'une durée de deux mois et la récompense écrasante qu'aurait été une énorme boîte de Légo®.*

10. Atteindre le comportement souhaité à petits pas

Le succès engendre le succès! Le comportement que vous voulez enseigner à votre enfant, vous devez avant tout le fractionner, le diviser en petits morceaux plus digestes, que l'enfant pourra intégrer un à un. De cette façon la réussite, comme la récompense qui l'accompagne, seront réellement à sa portée. Il faut diviser un comportement déterminé en parties de comportement : en travaillant étape par étape, de petits succès en petits succès.

EXEMPLE

Paul avait été réveillé par un cauchemar. Comme il restait très inquiet, ses parents le prirent dans leur lit. Le jour suivant, il ne voulut pas dormir dans son lit, parce qu'il avait trop peur. Trois mois plus tard, il dormait toujours dans le lit de ses parents. Tous leurs efforts pour le faire dormir dans son propre lit provoquèrent de telles scènes d'angoisse et de larmes, et de nuits d'insomnies, qu'il finissait toujours par atterrir dans le lit de ses parents. Les récompenses, les gronderies et les punitions n'y changeaient rien. Avec Paul, nous avons adopté à la lettre la «règle des petits pas». Le premier pas a été de dormir dans la chambre des parents, mais sur un matelas près du lit de maman. Papa dessina à la craie une ligne allant de leur chambre à celle de Paul et tous les mètres il ajouta un trait transversal. Chaque soir, Paul glissait avec son matelas d'un mètre vers sa chambre. Pour chaque étape réussie, il était félicité le matin avec enthousiasme, il recevait un autocollant et pouvait rester le soir un quart d'heure plus tard… «car quand tu dors si bien, tu as aussi moins besoin de sommeil». Après dix jours, Paul dormait dans son lit avec une veilleuse. Ce qui n'avait pas réussi, même avec de solides récompenses en perspective, a bien marché par petites étapes.

11. La plupart du temps, on commence l'apprentissage par le dernier pas

Spontanément nous avons tendance à apprendre quelque chose à un enfant en commençant l'apprentissage là où nous-mêmes l'aurions commencé. Il vaut mieux le lui apprendre en sens inverse. Si vous divisez un comportement en petites étapes et si vous commencez en apprenant d'abord à l'enfant la dernière étape, vous utiliserez la méthode la plus efficace !

La première fois, faites vous-mêmes la totalité de l'action en question (par exemple, enfiler un manteau). Ensuite invitez l'enfant à faire lui-même la dernière étape (par exemple, fermer la tirette à partir du milieu jusqu'en haut), en accompagnant son effort d'encouragements. La fois suivante laissez le faire seul l'avant-dernière et la dernière étape (par exemple, fermer tout à fait la fermeture-éclair)... Le grand avantage de cette méthode réside dans le fait que la nouvelle étape est suivie par une étape déjà connue, donc par une réussite et une récompense [1].

Quand ce n'est pas possible de commencer par la dernière étape (par exemple, quand le dernier pas est dormir dans son propre lit), alors commencez par ce que l'enfant fait ou peut déjà faire. Vous avancez alors progressivement, pas à pas, en direction du but, en encourageant chaque étape.

Certains parents ont beaucoup de difficultés à se contenter de si petites étapes et à les considérer comme une réussite. Mais si vous voulez atteindre trop de choses en une seule fois, vous courez le risque d'aller d'échec en échec, alors qu'il est tellement plus gai et efficace de voler de réussite en réussite.

12. Vous pouvez influencer un comportement en modifiant la situation qui le déclenche

Quand nous voulons comprendre pourquoi un enfant apprend quelque chose, et surtout pourquoi il continue à le faire, nous ne devons pas seulement veiller aux encouragements, mais aussi aux circonstances dans les-

1. Vous trouverez en bandes dessinées toute une série d'exemples comme ceux repris dans notre livre pratique : *Je kind kan het zelf* par M.Bisschop et T.Compernolle (Ed. Standaard Antwerpen 1989). Une cassette vidéo de démonstration du même nom peut être prêtée par le service audiovisuel de la Katholieke Universiteit à Leuven.

quelles apprentissage et encouragements ont lieu. Si votre enfant fait quelque chose, il le fait souvent parce qu'il y est incité par les circonstances (et qu'il y est encouragé).

situation déclenchante	→	comportement souhaité	←→	encouragement

Figure 5

Beaucoup d'enfants hyperactifs éprouvent des difficultés à se concentrer. Nous pouvons les aider en commençant par de petites consignes et, par la suite, les encourager à des périodes toujours plus longues de bonne concentration.

Nous pouvons aussi les aider d'une autre manière : nous adaptons la situation de manière à ce que leur attention augmente spontanément, du fait que nous éliminons toute forme de distraction. Par exemple, pour faire les devoirs d'école, nous pouvons aménager un coin ou une petite pièce pauvre en sources d'excitation (c'est-à-dire en « stimuli » parasites). Si la pièce ne sert qu'à cela, et que l'enfant a appris étape par étape à bien s'y concentrer, cela peut donner à la longue un automatisme, une sorte de réflexe. Cela entraîne l'enfant à se sentir concentré dès qu'il y entre. Cette petite pièce devient un endroit où l'enfant est incité à s'occuper de manière concentrée (ce phénomène est appelé « réflexe conditionné »).

Au début :
petite pièce aménagée → travailler de manière concentrée ←→ pouvoir regarder la T.V. comme récompense

devient au fil du temps :
petite pièce → travailler de manière concentrée

Figure 6

La même chose vaut pour l'utilisation de signaux (voir chapitre 4, § 4). Ils peuvent parfois déclencher immédiatement le comportement souhaité par une sorte de réflexe. A condition de ne pas oublier de récompenser l'enfant de temps à autre.

13. Que faire quand les encouragements ont un effet contraire ?

Parfois les récompenses entravent le comportement souhaité ! Même les encouragements sociaux peuvent avoir un effet tout à fait contraire et il est souvent difficile de découvrir d'où cela provient. On peut peut-être expliquer cet effet inattendu par le fait que, comme parent, vous ne parvenez pas toujours à ce que l'enfant fasse clairement la distinction entre «encouragement» et «dissuasion» (par exemple, une punition).

Si, face à un comportement indésirable, vous réagissez d'abord de manière amicale (en demandant gentiment à votre enfant de cesser) et qu'ensuite vous vous fâchez brusquement quand votre enfant ne répond pas à votre demande gentille, l'enfant pensera : «Attention aux adultes. D'abord ils sont gentils, puis ils se fâchent et on est puni». Votre conduite amicale est comme négativée, empoisonnée par la dimension d'inimitié qui a surgi à un moment donné.

L'inverse est aussi possible. Vous vous fâchez immédiatement après le début d'un comportement indésirable, mais vous en éprouvez rapidement du regret, et vous redevenez vite amical. Votre enfant peut alors se comporter de manière non souhaitée pour déclencher cette sympathie, sans se rendre compte qu'il augmente de ce fait la colère qui la précède. Votre dissuasion devient de cette manière un encouragement.

Il peut donc arriver qu'encouragement et dissuasion aient tous deux un effet paradoxal : l'encouragement (la récompense) fait cesser le comportement souhaité, et la dissuasion (la punition) accroît le comportement indésirable. Dans une telle situation, vous devez vraiment tirer le signal d'alarme. Éventuellement, vous devrez faire appel à une aide spécialisée.

Dans tous les cas, vous devrez veiller à faire une distinction très nette entre la dissuasion (punition) et l'encouragement (récompense). Au début, il vaut même mieux exagérer (par exemple, par une série d'encouragements matériels). Progressivement, vous y ajouterez d'autres formes d'attention. D'abord une remarque dans le sens de «c'est bien, ça!», puis une caresse, un baiser, etc. Mais cela se fera très progressivement, et exclusivement comme encouragement d'un comportement souhaité bien déterminé.

Vous récompensez le comportement souhaité toujours immédiatement et de manière exagérée, avec un encouragement matériel non équivoque. Plus tard seulement, vous ajouterez d'autres formes d'attention.

Pour résoudre le problème soulevé plus haut (quand les encouragements ont un effet contraire), il vaut mieux commencer par encourager un comportement très simple. Quelque chose que votre enfant fait déjà assez souvent, de manière à ce que vous ayez toutes les occasions de l'encourager.

Quand la dissuasion (punition) a l'effet d'un encouragement, vous devrez arrêter complètement de vous fâcher et de geindre… Vous devrez essayer de rendre la punition clairement reconnaissable, comme telle. Pour cela un stimulant légèrement douloureux est parfois nécessaire pendant une courte période. Il n'est pas bon de frapper, parce que c'est un acte difficile à doser : on perd vite la maîtrise de soi. Certains parents de jeunes enfants ont pu se sortir de cette situation quelque peu épineuse, en utilisant la chiquenaude comme stimulant douloureux (appuyer l'index ou le médius contre l'extrémité du pouce, et le frapper contre la peau de l'enfant). D'autres parents donnent une tape sur le dos de la main. Si nécessaire, utilisez l'ETA (voir chapitre 3).

Il y a des parents qui pensent qu'une bonne punition doit faire mal. Ce n'est pas exactement cela. Le plus important est que vous laissiez voir votre réprobation sans équivoque et que vous la manifestiez de manière très conséquente. La violence n'est pas nécessaire.

Le plus important est que vous fassiez une distinction claire entre récompense et punition, entre encouragement et dissuasion. La récompense (encouragement) suit un comportement souhaité, la punition (dissuasion) est la conséquence d'un comportement indésirable. Dans le troisième chapitre, nous expliquerons comment des parents, à leur insu, encouragent souvent un comportement non souhaité.

14. Les enfants ADHD apprennent plus difficilement que les autres

Les lignes de conduite décrites dans ce chapitre sont valables pour tous les enfants. Lorsque vous aurez lu dans le sixième chapitre la description des problèmes que rencontre un enfant ADHD, vous comprendrez que pour un tel enfant, il est encore plus difficile d'apprendre quelque chose de nouveau, de retenir et de persévérer que pour un enfant dit normal. Chez des enfants normalement hyperactifs, les parents peuvent adapter ces règles de manière plus souple, une fois le comportement amélioré. Chez les enfants ADHD, les règles doivent être appliquées de façon plus prolongée et plus stricte.

Résumé

Quelques principes dont il vaut mieux tenir compte si vous voulez apprendre aisément quelque chose à un enfant :

1. Le comportement est quelque chose d'observable.

2. Le comportement est plus compréhensible quand vous le replacez dans son «contexte».

3. Le comportement est quelque chose d'acquis.
4. Les enfants apprennent des autres et inversement.
5. Apprendre, au départ, c'est surtout imiter.
6. Un nouveau comportement doit être enseigné de manière très simple et concrète.
7. L'encouragement est nécessaire à l'apprentissage d'un nouveau comportement.
8. Les encouragements de type social sont les meilleurs.
9. Encouragez toujours immédiatement et répétez vos encouragements.
10. Atteignez le comportement souhaité par petites étapes.
11. Quand cela est possible, enseignez les étapes en commençant par la dernière.
12. Tenez toujours à l'œil le contexte et les circonstances ; ils peuvent vous aider à susciter le comportement souhaité.
13. Quand les encouragements ont un effet paradoxal, vous devez distinguer de façon univoque les encouragements (récompense) et la dissuasion (punition).
14. Les enfants ADHD apprennent plus difficilement quelque chose que les autres enfants.

Chapitre 3 *Comment désapprendre le plus rapidement possible quelque chose à votre enfant*

1. Comment s'entretient un comportement indésirable

Un comportement indésirable apparaît très souvent dans des circonstances déterminées. C'est pourquoi vous devrez observer très attentivement les détails qui accompagnent les situations déclenchantes. Par ailleurs, un comportement indésirable est parfois encouragé par ses conséquences positives. C'est très paradoxal, mais il est un fait qu'en tant que parents nous encourageons et récompensons, sans en avoir conscience, le comportement non souhaité de nos enfants beaucoup plus souvent que nous ne l'imaginons.

Situation déclenchante → comportement non souhaité ←→ encouragement !

Figure 7

Pour désapprendre un comportement indésirable, nous pouvons agir à partir de l'encouragement et/ou de la situation déclenchante. Pour une bonne compréhension de cette situation déclenchante, l'aide d'un témoin extérieur (impartial) s'avère parfois indispensable : car, en tant qu'acteur dans la situation déclenchante, il est plus difficile d'y reconnaître sa propre participation (on ne peut être juge et partie à la fois).

Le comportement non souhaité est plus encouragé que vous ne le pensez

Quand un comportement déterminé a eu dans le passé des conséquences agréables, il y a de fortes chances qu'il soit répété à l'avenir. C'est une règle du jeu importante lors de l'apprentissage d'un comportement souhaité. C'est une règle tout aussi importante pour faire cesser un comportement indésirable.

Beaucoup de comportements non souhaités s'auto-entretiennent

Exemple

Stella (5 ans) vient d'une famille adhérente à un groupement pacifiste religieux. C'est une enfant amicale et gentille, qui ne se montre que peu ou pas agressive. Cette année, elle est allée pour la première fois à l'école maternelle et y a découvert comment se conduire de manière agressive. Elle jouait avec une petite auto, lorsqu'Éric (5 ans) la lui prit tout simplement. Stella fut très surprise et ne sut que faire. Lorsque Éric revint dans son voisinage, elle tint solidement son jouet. Comme Éric ne pouvait plus le lui prendre aussi facilement, il donna une tape à Stella. Muette de surprise – elle n'avait encore jamais vu ça – elle lâcha son jouet. Quelques jours plus tard, Marie (5 ans) jouait avec une poupée dont Stella avait envie. Stella se dirigea vers Marie et voulut lui prendre la poupée. Comme Marie ne la cédait pas, Stella lui donna une tape, prit la poupée et s'en alla. Stella avait donc très vite appris un nouveau comportement en imitant celui d'Éric. Elle en fut d'ailleurs récompensée : «frapper Marie» signifiait «recevoir la poupée». Il y a donc de grandes chances qu'elle réutilise ce comportement agressif à l'avenir.

Le comportement non souhaité est encouragé par des récompenses réelles

Des parents sont parfois très surpris quand on leur montre que, sans s'en rendre compte, ils récompensent relativement souvent un comportement indésirable.

EXEMPLE 1

Papa et maman voudraient que Nancy (3 ans) mange seule à table. Elle sait déjà utiliser une fourchette et une cuillère. Elle porte même la nourriture à la bouche. Mais elle le fait de manière si peu concentrée qu'elle n'a presque rien mangé quand toute la famille a déjà fini. Maman va alors s'asseoir à côté d'elle et lui donne à manger, bouchée par bouchée. Que maman aille s'asseoir près de Nancy pour l'aider est évidemment une énorme récompense à sa lenteur. Nancy continuera vraisemblablement à traîner : si elle mange vite, ne fût-ce qu'une fois, sa maman trouvera cela tout à fait normal et ne lui accordera aucune attention. Par ailleurs, elle est contente de pouvoir consacrer plus d'attention à ses autres enfants et à son mari. Voila pourquoi elle prête moins d'attention au comportement souhaité de Nancy qu'à son comportement non souhaité. De cette manière, le comportement souhaité ne reçoit pas d'encouragement. Il y a plus grave : l'absence de récompense agira comme punition, comme dissuasion vis-à-vis du comportement souhaité (manger seule). Nancy retient donc qu'elle reçoit plus d'attention en traînant qu'en terminant rapidement son assiette : Nancy apprend à traîner.

Comme le montre l'exemple suivant, l'hyperactivité aussi est parfois récompensée.

EXEMPLE 2

Christophe court comme un jeune poulain dans le supermarché et bouscule les gens continuellement. Papa lui crie des centaines de fois «tiens-toi tranquille», mais sans résultat. En fin de compte, il lui donne une glace. Par la suite, Christophe se tient tranquille. Papa et Christophe ont appris un nouveau comportement inadéquat, par lequel ils ont été tous deux récompensés. Les gambades de Christophe ont été récompensées par une glace. Le risque qu'il recommence la prochaine fois est devenu encore plus grand. En donnant la glace, le père a été récompensé, car Christophe s'est tenu tranquille pendant un moment. Tant chez Christophe que chez son père le comportement non souhaité a été récompensé. C'est pourquoi il est prévisible qu'à la prochaine occasion et dans la même situation, ils se comportent tous les deux à nouveau de manière inadéquate.

Le comportement non souhaité est souvent encouragé par les sermons, les gronderies et les plaintes

Quelle qu'elle soit, l'attention d'un adulte équivaut aux yeux de l'enfant à une récompense. Une attention amicale, chaleureuse représente évidemment la meilleure des récompenses. Mais sermonner, gronder et se plaindre sont aussi des formes d'attention à part entière. Même frapper est une attention (négative)! Ne recevoir absolument aucune attention est pour ainsi dire la chose la plus grave qui puisse arriver à un enfant.

Pour un enfant, recevoir de l'attention est aussi important que manger et boire. L'enfant veillera donc toujours à recevoir sa ration d'attention, et s'il le faut sous forme de gronderie. Gronder, faire des remontrances, se plaindre et même frapper peuvent avoir un effet encourageant. Surtout dans les cas où l'enfant reçoit peu ou pas d'attention positive et amicale lorsqu'il se conduit effectivement bien.

Le comportement non souhaité est encouragé lorsqu'il fait cesser une situation désagréable.

Nous avons déjà dit plusieurs fois que le comportement non souhaité est maintenu lorsqu'il a des conséquences encourageantes (agréables). Une conséquence agréable d'un comportement non souhaité est, par exemple, le simple fait d'attirer l'attention, ou de pouvoir dormir dans le lit de papa et maman. On peut aussi trouver un encouragement dans le fait que le comportement indésirable fait cesser une situation désagréable.

EXEMPLE

Dès que Cécile (7 ans) est au lit le soir, elle commence à pleurer. Le père ou la mère vient alors s'asseoir près d'elle au bord du lit. Cécile ne pleure plus, mais son papa ou sa maman doivent rester auprès d'elle jusqu'à ce qu'elle s'endorme. Un jour, la mère est morte de fatigue. Elle n'a aucune envie de rester assise près de Cécile. Mais dès qu'elle s'en va, Cécile commence à pleurer. A bout de ressources, la mère laisse Cécile dormir dans son propre lit : une énorme récompense pour Cécile. Elle s'endort immédiatement. Le lendemain, la scène recommence. Les larmes de Cécile et son comportement trop dépendant ont été encouragés par :

1. la fin d'une situation désagréable pour elle, c'est-à-dire, dormir seule dans son lit;
2. la présence agréable de papa et maman;

3. pouvoir dormir douillettement dans le lit des parents.

Sans le vouloir, les parents de Cécile ont encouragé ce comportement, parce que pour eux aussi la situation pénible cessait; eux-mêmes ont été récompensés pour leur démarche erronée :

1. *Cécile ne pleurait plus;*
2. *la maman ne devait plus rester assise au bord du lit;*
3. *les parents ne devaient plus consacrer leur attention à leur propre problème (d'ordre sexuel). La présence de Cécile dans leur lit était une excuse bienvenue.*

Il n'est dès lors pas étonnant qu'avec autant d'encouragements et de récompenses pour chacun, le comportement non souhaité de Cécile ait duré deux ans.

Le comportement non souhaité est encouragé quand la punition n'est pas exécutée

Quand vous intervenez en punissant, en dissuadant, il vous faut maintenir cette conduite. Et ce jusqu'à ce que le comportement non indésirable ne se reproduise plus. Si vous ne persévérez pas (c'est-à-dire si vous levez la punition) et que l'enfant, lui, persiste dans son attitude, voici ce qui en découlera : l'enfant considérera l'arrêt de la punition comme un encouragement, comme une récompense au fait qu'il a tenu bon dans son comportement indésirable. L'arrêt de la situation désagréable que représente la punition prend valeur de récompense!

EXEMPLE

Marc (7ans) s'occupe à table avec ses jouets. Au moment du repas, son père lui demande de ranger le désordre. Marc ne veut pas. Le père le lui demande encore une fois. Marc refuse. Le père ajoute en geignant qu'il est en droit d'attendre de Marc un peu d'aide et de collaboration : Marc a quand même 7 ans! Mais Marc ne collabore pas. Papa se fâche et envoie les jouets de Marc par terre, après quoi il commence à dresser la table. Il continue à gronder son fils, et quand le repas est apporté à table, il lui dit : «Tu ne reçois pas à manger, tant que ton bric-à-brac n'est pas rangé.» Marc regarde, un peu déconfit, mais reste assis au milieu de ses jouets. «J'ai faim» sont les seuls mots qui lui viennent aux lèvres. Quand les autres ont presque fini de manger, la mère en a vraiment assez. Elle prend Marc, le pose sur sa chaise et lui dit : «Cesse de te plaindre et mange!».

Voici les points frappants de ce récit :

1. Le père aurait dû expliquer à Marc ce qu'il allait faire au moment où celui-ci a refusé de ranger ses jouets. Après coup, l'explication tardive (l'attention négative) devenait pour Marc une récompense à son refus;

2. Le père réagit de manière plutôt agressive, en jetant par terre les jouets de son fils. (Aux yeux de Marc, c'est un bel exemple à suivre; il est fort probable qu'il fera de même à la première occasion);

3. De plus, le père continue encore à grommeler, ce qui comporte pas mal d'attention négative, et donc d'encouragement pour le comportement non souhaité de Marc;

4. Le père et la mère n'agissent pas d'un commun accord. Ce qui entraîne une situation peu claire; les parents courent le risque que Marc joue à «diviser pour mieux régner» ;

5. La mère récompense en fait le comportement non souhaité de Marc. Sa désobéissance, sa mauvaise volonté et ses plaintes sont largement récompensées puisqu'il peut agir selon son envie et puisque en fin de compte il reçoit à manger.

Le comportement inadéquat des parents est lui aussi entretenu

Parfois, vous ne réalisez pas tout de suite que vous avez adopté un comportement inadéquat. En effet, vos premières réactions telles que frapper, crier, punir, donner des bonbons, céder... font de l'effet. Le comportement non souhaité de votre enfant cesse pendant un certain temps. Et à cause de cela, vous, parent ou éducateur, pensez souvent que vous avez agi de la bonne façon. Par l'arrêt du comportement indésirable, après avoir frappé, crié, puni, donné un bonbon, vous avez reçu un encouragement à réagir de façon analogue la fois suivante. L'ennui est que l'effet ainsi obtenu ne représente qu'un petit succès de courte durée. Une telle méthode parvient rarement à un résultat durable, prolongé. Vous ne devez donc pas vous laisser aveugler par ces résultats temporaires.

EXEMPLE

Vera (8 ans) et Catherine (10 ans) se disputent continuellement. Leur mère leur a déjà demandé un nombre incalculable de fois de cesser, mais en vain. Soudain elle perd patience et crie d'une voix suraiguë : «Cessez! Mais cessez! Vous me donnez mal à la tête!» Les enfants ont peur du cri de leur mère et cessent immédiatement de se disputer. Elles jouent maintenant tranquillement et maman peut enfin se concentrer sur ses comptes. Mais elle oublie d'encourager, de récompenser Catherine et Vera pour s'être calmées. C'est pourquoi il ne faudra pas plus de dix minutes pour qu'elles se disputent à nouveau. La mère pense connaître la solution et elle crie de nouveau : «J'ai mal à la tête!». La dispute se calme mais aussi longtemps que la mère n'encouragera pas au bon moment le comportement souhaité, elle devra crier pour contraindre ses filles à une paix de très courte durée.

Le comportement indésirable se renforce s'il est encouragé de temps à autre

Il est bien sûr très difficile de réagir adéquatement face à un comportement indésirable. Parfois, la présence de quelqu'un, un regard en direction de l'enfant, sont déjà des encouragements. Vous devez être fermes pour ne pas réagir une seule fois de travers. Mais sachez que vous échappez rarement à cette loi : de temps en temps vous encouragez effectivement un comportement non souhaité ! Or, comme nous l'avons déjà expliqué auparavant, lorsqu'un comportement a été acquis, il continue à persister même s'il n'est encouragé qu'occasionnellement.

EXEMPLE

Revenons à Cécile, la petite fille qui pleurait le soir. Les pleurs de Cécile étaient encouragés à un point tel qu'elle se mit à pleurer de plus en plus souvent, même la journée et ce sans raison apparente. Les gronderies de la mère ne donnaient aucun résultat. Elle essaya alors avec des friandises. Ce fut positif! Mais la mère n'encouragea avec les bonbons que le comportement non souhaité de Cécile. Cécile s'est donc mise à pleurer de plus en plus et la mère à tendre de plus en plus souvent la main vers la boîte à bonbons. Après des entretiens avec un thérapeute familial, la mère décida de désapprendre à Cécile les larmes et les friandises. Un jour, elle commença à ignorer les pleurs. Naturellement, Cécile essaya toutes ses ruses, mais la mère tint bon. Cécile finit par céder : elle arrêta de pleurer. Un moment plus tard, maman alla vers elle, l'embrassa et lui dit : «Tu deviens vraiment une grande fille en cessant si bien de pleurer! Nous allons raconter ça ce soir à papa...». Et quand le père rentra à la maison et entendit le récit, il lança aussi des fleurs à sa fille. Le lendemain, le père venait de sortir, quand la mère voulut faire une course. Cécile commença à pleurer et la mère ne pouvait attendre qu'elle cesse d'elle-même. Elle donna un bonbon à Cécile, en se *disant qu' «une petite fois ne peut faire de mal!». A tort, car cela recommença de plus belle. Cécile apprit qu'elle devait beaucoup pleurer pour avoir des friandises, ce qu'elle fit donc. Ce n'est que lorsque le père et la mère cessèrent tout à fait de récompenser les pleurs que le comportement larmoyant de Cécile disparut.*

Vous le voyez : quand un comportement non souhaité est toléré de temps en temps (ce qui ne paraît pas grave en soi), non seulement il ne cesse pas, mais il gagne en résistance! Ne jamais encourager un comportement non souhaité est quelque chose de vraiment difficile. C'est ce qui nous pousse à tant insister sur l'apprentissage du contraire : le comportement souhaité. La règle selon laquelle encourager de temps à autre un comportement le renforce, joue en notre faveur dans le cas de l'apprentissage d'un comportement souhaité, mais elle agit contre nous dans le cas du désapprentissage d'un comportement non souhaité.

2. Le problème de la punition

Dans le chapitre précédent, nous avons expliqué combien il était important que le comportement souhaité ait des conséquences positives et qu'il soit encouragé. A l'inverse, nous voudrions maintenant insister sur les conséquences parfois efficaces, mais souvent aléatoires, de la punition et la dissuasion d'un comportement indésirable. Certes, il est important que vous fassiez remarquer très clairement à votre enfant qu'il ne se tient pas aux règles ou aux conventions. Votre enfant a besoin de cette ligne de conduite : elle donne de l'assurance, de la clarté et un point d'appui. Vous verrez d'ailleurs dans la suite immédiate de notre commentaire comment des punitions logiques, limitées et conséquentes, appliqués parcimonieusement, peuvent être une aide importante.

Mais nous devons être économes avec les punitions. Elles comportent de nombreux inconvénients.

Inconvénients de la punition

Les punitions telles que frapper, secouer, crier, enfermer dans un réduit sombre…, destinées à arrêter le comportement non souhaité, agissent effectivement, mais à court terme, comme un frein. Se limiter à la punition n'est pas une solution efficace. L'effet s'estompe trop rapidement. Bien sûr vous avez souvent besoin de cet effet immédiat, même si vous savez que cela ne donne pas de résultat à long terme. Il est très important qu'un enfant hyperactif se rende clairement compte quand il dépasse les bornes. Il sera parfois nécessaire de punir; dans ce cas essayez de tenir compte d'une série d'éléments car les punitions, et surtout les punitions agressives, comportent bien des inconvénients.

1. La punition interrompt le comportement non souhaité mais à plus long terme vous n'en tirez pas de bénéfices.

2. Les punitions agressives sont un mauvais exemple. Les parents qui punissent souvent de manière agressive reçoivent un comportement agressif en retour.

3. Punir peut nuire à l'ambiance familiale.

4. Punir est nécessairement limité. On ne peut pas continuer à frapper, continuer à crier. Encourager continuellement est en fait plus facile que punir continuellement.

5. Votre enfant tient bon dans son comportement indésirable souvent plus longtemps que vous ne persistez dans la punition.

6. Vous n'êtes jamais tout à fait assuré que la punition agit réellement en tant que telle. Au lieu d'avoir un effet dissuasif, la punition peut aussi ressembler à un encouragement du comportement non souhaité.

7. La punition n'a souvent l'effet souhaité que lorsque celui qui punit reste dans le voisinage de l'enfant.

8. L'enfant fait vite le lien désagréable entre la punition et celui qui punit. De cette manière, la seule présence de la personne qui punit peut déjà apparaître comme désagréable. La relation entre parent et enfant – entre le puni et la personne qui punit – se trouve en danger. Le parent devient un bourreau; et la présence, considérée comme désagréable, de la personne qui punit, peut même faire disparaître le comportement souhaité.

9. Quand un enfant est fréquemment puni, il éprouve un sentiment d'infériorité, dans le sens de «Je suis un incapable, je ne fais rien de bon.» Par contre, l'encouragement du comportement souhaité augmente aussi bien sa confiance en lui qu'en ceux qui l'éduquent.

En punissant, agissez vite et clairement. C'est parfois nécessaire. Mais n'en attendez pas de résultats durables, si vous n'enseignez pas et n'encouragez pas immédiatement le comportement opposé.

Ne pas punir du tout est impossible et à déconseiller

Après le paragraphe précédent, vous aurez compris que nous ne sommes pas des enthousiastes des punitions et surtout pas des punitions agressives. Toutefois nous ne voulons pas commettre l'erreur de pas mal de pédagogues qui – en réaction face à l'éducation beaucoup trop autoritaire et sévère d'autrefois – propagent l'idée que punir est tout à fait diabolique. De l'expérience des parents, thérapeutes et cliniciens, il semble clair qu'il est impossible de supprimer la punition, et qu'il est assez néfaste d'essayer.

Si les parents décident d'éliminer toute forme de punition, nous remarquons par exemple qu'ils font du chantage affectif pour obtenir que quelque chose soit réalisé. Quand leur enfant se comporte de manière non souhaitée, ils ne punissent pas, mais réagissent au propre ou au figuré, en paroles ou en gestes, par quelque chose comme «Si tu fais ceci ou cela, tu me rends très triste». D'autres parents restent amicaux, mais se montrent déçus. Ces parents perdent de vue que se montrer contrarié ou déçu est aussi une forme de punition, et même une forme très sévère. Si on reste en apparence amical, tout en laissant transparaître sa déception, cela crée inévitablement une confusion! Lorsque les parents réagissent souvent de cette manière, ils peuvent rendre leurs enfants hésitants, dépressifs, anxieux ou agressifs.

D'autres parents encore – et cela a parfois des conséquences vraiment catastrophiques – peuvent penser «S'il est méchant, c'est parce que je ne lui ai pas montré assez d'amour». Face au comportement non souhaité, ils réagissent par des témoignages d'amour et d'affection, et même parfois en donnant des petits cadeaux. Comme si, lorsque un enfant interrompt un comportement désagréable, c'est parce qu'il est enfin convaincu de l'amour de ses parents! C'est une erreur tellement grave qu'elle mène parfois l'enfant à des comportements extrêmes. La situation peut échapper tout à fait aux parents; et on en arrive même à ce que ceux-ci soient tyrannisés, voire maltraités, par leur enfant devenu plus grand.

Utilisez une punition modérée : chaque fois et immédiatement

Dans certaines situations – et surtout chez les enfants hyperactifs – un comportement doit être interrompu tout de suite. Une intervention immédiate des parents, brève et claire, s'avère nécessaire. Dans ces cas, où le comportement devient extrêmement gênant, voire dangereux pour l'enfant ou son entourage, on ne peut contourner la punition.

Un jeune enfant hyperactif, plus encore qu'un autre, doit apprendre dès que possible la signification d'ordres tels que «non», «on ne peut pas», «arrête cela tout de suite» et «ne fais plus jamais ça». L'obéissance à ce «non» est d'importance vitale pour votre enfant. Si vous dites régulièrement «Tu ne peux pas» et que cependant vous laissez faire à l'enfant ce dont il a envie, il apprend que «Tu ne peux pas» est très relatif. Dire «Tu ne peux pas» et ensuite tolérer qu'il transgresse l'interdiction ne profite à aucun enfant et peut même entraîner des risques vitaux pour un enfant hyperactif. Si votre enfant grimpe l'escalier ou prend le flacon de produit pour la vaisselle, s'il joue avec des allumettes, utilise le couteau à pommes de terre, enfonce un clou dans la prise de courant, vole le vélomoteur de son père... votre intervention doit être telle qu'il ne le fasse pas deux fois.

Apprendre à votre enfant à obéir est de la plus haute importance pour sa propre sécurité.

Vous pouvez tenir autant que possible les objets dangereux hors de portée de votre enfant, mais vous ne pouvez pas tout éviter. Il est impossible de tenir à l'écart toutes les choses dangereuses, et si votre enfant n'a pas appris à obéir, une catastrophe est vite arrivée. Bien sûr il faut cacher les désherbants hors de vue des enfants, mais il est encore bien plus important d'apprendre à votre enfant qu'il ne peut jamais y toucher. Dans les nombreux articles et brochures qui parlent de créer un milieu de vie sûr pour les enfants, on omet souvent de souligner la nécessité vitale de l'obéissance.

Vous pouvez par exemple apprendre à un petit enfant la signification de «Tu ne peux pas» en accompagnant ce «Tu ne peux pas» de quelque chose de désagréable. Certains parents crient «Tu ne peux pas» d'une voix si forte que cela résonne désagréablement, d'autres parents accompagnent le «Tu ne peux pas» d'une chiquenaude. Si vous faites cela systématiquement, après quelque temps, un «Tu ne peux pas» prononcé d'une voix résolue suffira pour que votre enfant cesse.

Après quelques fois la séquence :
Comportement dangereux → « Tu ne peux pas » → Quelque chose de désagréable → l'enfant arrête.

Devient le plus souvent celle-ci :
Comportement dangereux → « Tu ne peux pas »→ l'enfant arrête.

Figure 8

En introduisant tôt et systématiquement cette petite mesure désagréable, vous épargnez à votre enfant un tas d'ennuis. Un «non» sévère et une chiquenaude sont moins graves qu'un choc électrique, un empoisonnement ou une noyade. Un «non» sévère et un chiquenaude sont aussi moins graves qu'une raclée lorsque l'enfant n'obéit pas et que la situation vous échappe.

Par ailleurs, réagir à temps et souvent par un «non» sévère et une chiquenaude est moins grave que contenir chaque fois votre mécontentement et vos frustrations, pour finalement exploser tout à coup en envoyant une raclée à votre enfant, dont vous vous sentirez coupable pendant des jours. A cause de ce sentiment de culpabilité, vous interviendrez la fois suivante à nouveau trop tard et pas assez sévèrement; vous vous en sentirez à nouveau frustré et finalement vous perdrez le contrôle de vous-mêmes. Un cercle vicieux s'installe ainsi, pénible pour l'enfant comme pour les parents.

Une punition modérée, immédiate et administrée systématiquement est souvent une aide inévitable, mais surtout précieuse, dans le cas d'un comportement indésirable.

Administrer à temps une punition modérée vous évitera de perdre le contrôle de vous-même et d'infliger une punition lourde ou une punition corporelle. Par ailleurs, ne vous alarmez pas si, *de temps en temps*, vous perdez le contrôle de vous-même, si vous criez, giflez, hurlez, *à condition que cela se passe dans le cadre d'une relation fondamentalement affectueuse.*

EXEMPLE

Quand ma fille était en deuxième primaire, je me suis fâché sur elle et lui ai donné une gifle. Cette fois-là, bien qu'elle avait réellement mérité une chiquenaude, ma réaction du moment avait été trop violente et incontrôlée. Après que nous nous soyons calmés tous les deux, je lui dis : «Désolé, tu avais mérité une chiquenaude, mais je reconnais que cette gifle était trop forte. Combien de chiquenaudes y a-t-il dans une gifle pareille ?» – «Trois» – «Bien, alors tu peux garder deux chiquenaudes en réserve». Un peu plus tard, elle fit quelque chose de mal et réagit elle-même à propos : «OK, laisse tomber, j'ai encore deux chiquenaudes en réserve, retires-en une». Nous en rîmes tous les deux.

Si vous punissez sérieusement un comportement non souhaité, vous devez le faire *chaque fois*. Faute de quoi, votre comportement devient imprévisible, incompréhensible pour l'enfant. De plus, en punissant seulement de temps à autre, vous courez le risque de voir le comportement non souhaité se renforcer.

Vous devez également punir *immédiatement*. La punition doit répondre aussi rapidement que possible au comportement non souhaité. Votre enfant doit pouvoir déceler le lien entre son acte et votre réaction. C'est pourquoi la punition doit être légère, mais claire.

Une petite punition modérée, appliquée chaque fois et immédiatement, est beaucoup plus efficace qu'une punition lourde, différée et donnée de temps à autre. Cette règle est encore bien plus importante s'il s'agit d'enfants plus jeunes, ou d'enfants moins intelligents ou encore d'enfants atteints d'ADHD.

D'autre part, il est important, pour désapprendre un comportement indésirable, de commencer par le début : vous devez «arracher avec ses racines» le comportement non souhaité. Une petite boule de neige devient vite une avalanche. Or, si l'on peut facilement arrêter une boule de neige, on est impuissant face à une avalanche. Une petite mesure suffit lorsque vous intervenez au premier signal que quelque chose ne va pas. Si vous attendez trop longtemps avant d'intervenir, vous serez plutôt tenté de donner une grosse punition. Plusieurs petites punitions fermes et immédiates valent mieux qu'une réaction violente après un certain temps.

Si deux enfants se «volent dans les plumes» sans arrêt, n'attendez pas qu'ils en arrivent là; intervenez dès le premier signe que cela prend mauvaise tournure, par exemple en les envoyant chacun dans leur chambre.

Il est donc important d'observer avec précision quand un comportement déterminé commence à mal tourner et de reconnaître la situation déclenchante avant qu'il ne soit trop tard.

Mieux que la punition : les conséquences désagréables

Il existe encore une autre forme de punition, que certains parents n'osent pas utiliser : les conséquences désagréables. Adapté de manière correcte, c'est un instrument utile et indispensable pour maintenir en de bonnes voies le comportement d'un enfant.

Certaines formes de comportement inadéquat entraînent d'elles-mêmes des conséquences tellement négatives qu'un enfant n'imaginera plus les refaire à nouveau. Si un enfant, après des avertissements répétés, tire à nouveau l'oreille du chien et reçoit un coup de dents, il se tiendra désormais hors de portée du chien. La règle serait la suivante : *un comportement qui a des conséquences désagréables aura tendance à se raréfier.*

Cependant, chez des enfants atteints d'ADHD plus que chez d'autres enfants, vous devez tenir compte du fait que l'enfant ne tire pas tout de suite la leçon des conséquences négatives d'un comportement déterminé. Là où la plupart des enfants arrêtent d'embêter le chien après un ou deux coups de dents, il en faudra une dizaine pour qu'un enfant ADHD se décide à cesser !

Malheureusement, la plupart des formes de comportement indésirable n'ont pas systématiquement de telles conséquences ; ou alors celles-ci surviennent avec un tel retard que l'enfant ne perçoit plus le rapport entre son geste et les conséquences qui en découlent. Ou encore, il arrive que le comportement non souhaité n'ait de conséquences désagréables que pour les autres ou qu'elles ne puissent être perçues que par un adulte. *Dans ces cas fréquents, les parents et les éducateurs doivent veiller eux-mêmes à ce que le comportement non souhaité ait des conséquences suffisamment négatives pour que l'enfant renonce à ce comportement.*

Les meilleures conséquences sont celles qui découlent logiquement du comportement non souhaité. Un enfant qui a volé de l'argent ne doit pas recevoir une paire de claques, mais doit plutôt travailler durement pour gagner de l'argent et le rendre. Un enfant qui a fait pipi au lit doit nettoyer lui-même. Un enfant qui a renversé un verre doit nettoyer la table. Parfois aucun désagrément n'est la suite logique du comportement et il faut en trouver d'autres tels que : la suppression de certaines faveurs, la diminution de l'argent de poche, la suppression de la télévision…

Il est important que votre enfant sache autant que possible à l'avance quelles seront les conséquences – naturelles ou provoquées par les adultes – de son comportement non souhaité. C'est pour ainsi dire un contrat entre parents et enfant. Sous sa forme la plus simple, cela donnerait par exemple : « Si je dois encore avertir une fois, alors… ». Chez des enfants plus âgés, cela fait souvent plus d'effet si le contrat est mis par écrit.

En résumé : *un enfant doit savoir à l'avance à quoi s'en tenir, et quelles seront les conséquences d'une éventuelle transgression des règles.* Plus encore qu'un autre enfant, un enfant ADHD a besoin de clarté. En tant que parents, ne vous laissez surtout pas impressionner par un « Bof, ça ne me fait rien, je n'avais quand même pas envie de dessert ». Exécutez de toute façon ce qui avait été prévu. Vous devez toujours faire ce que vous avez dit, ce qui a été convenu. Sinon vous apprenez à votre enfant qu'il n'est pas obligé de se soumettre à des contrats. Les accords deviennent alors des menaces creuses et vous serez forcés d'alourdir sans cesse les menaces, ce qui les rendra encore plus difficiles à exécuter.

A des enfants plus âgés, vous pouvez aussi expliquer que tout l'amour et la bonne volonté ne peuvent pas venir toujours du même côté, et que les gens ne peuvent vivre ensemble que sur la base d'une réciprocité, d'un « donnant-donnant ». Quand un enfant éprouve des difficultés pour se tenir à ses tâches, il peut s'avérer très utile de cesser quelque peu de « travailler pour lui », ce que votre enfant considère pour lui comme allant de soi. Une grève des parents fait ainsi parfois des miracles. Par exemple, si le fiston chéri refuse de mettre sa tenue de football dans la manne à linge, vous pouvez cesser a) de le faire vous-même et b) de laver ses affaires jusqu'à ce qu'il exécute sa part du travail.

Par-dessus tout, enseignez le comportement opposé et souhaité

Une punition ou des conséquences négatives ne sont jamais suffisantes en elles-mêmes !

Une punition, des conséquences négatives et la méthode ETA (que j'exposerai plus loin), donnent des résultats à condition d'être exécutées correctement et d'aller toujours de pair avec l'apprentissage et l'encouragement du comportement souhaité. Le contraire de désobéir, c'est obéir... ; le contraire d'être trop agité, c'est rester tranquille... ; le contraire de se disputer, c'est jouer ensemble..., etc. Il est essentiel que l'apprentissage de ce comportement adéquat soit beaucoup plus efficace et agréable que le désapprentissage du comportement opposé et indésirable.

Voici la règle d'or : *ne désapprenez jamais le comportement indésirable sans encourager le comportement opposé et souhaité.*

Par exemple, l'apprentissage de l'obéissance entraîne immédiatement le désapprentissage de la désobéissance. C'est faire d'une pierre deux coups. C'est en outre tellement plus agréable, gratifiant et efficace d'apprendre quelque chose à un enfant que de lui désapprendre quelque chose.

1. Encourager un comportement souhaité est plus aisé que ne pas encourager du tout, décourager, ou nier le comportement non souhaité.

2. Finalement, encourager donne à long terme un meilleur résultat que punir.

3. Encourager crée une ambiance agréable et une meilleure relation entre les parents et l'enfant.

4. L'encouragement a une influence stimulante sur l'indépendance de l'enfant et sa confiance en soi.

En tant que parent, vous devez parfois adapter ces règles de manière très créative pour apprendre ou désapprendre quelque chose à un enfant hyperactif.

EXEMPLE 1

Que feriez-vous par exemple dans le cas d'un enfant de six ans, hyperkinétique et sourd, qui sort sans cesse de son lit ? Lui crier quelque chose à distance est impossible et aller vers lui chaque fois est une trop grande récompense pour son comportement non souhaité. Une fois que ses parents ont compris les principes des paragraphes précédents, ils ont trouvé d'eux-mêmes une solution géniale : le père plaça sous les pieds du lit des ressorts métalliques et dans un des ressorts, un interrupteur connecté à une veilleuse. Aussi longtemps que leur fils restait au lit, la lumière restait allumée (encouragement, récompense). Quand il sortait du lit, la veilleuse s'éteignait (conséquence négative). Le résultat ne s'est pas fait attendre : l'enfant resta dans son lit, dormit plus longtemps et devint plus paisible, mieux éveillé et plus amical pendant la journée.

EXEMPLE 2

Un autre enfant hyperactif sortait de son lit la nuit et très tôt le matin; il faisait parfois de grosses bêtises; son père avait conçu une solution ingénieuse. Il avait installé une sonnette automatique de magasin à la porte de la chambre de son fils. Ce qui est intéressant dans ce cas, c'est que l'alarme n'a jamais dû fonctionner! Cette simple sonnette était un message suffisamment clair de la part des parents de sorte que l'enfant n'a eu aucun mal à se tenir à cette exigence.

3. Astuces pour désapprendre un comportement indésirable

Comptez les points pour le comportement souhaité

Comment savez-vous si votre enfant se tient au nouveau comportement que vous lui avez appris ? Un jour, vous avez l'impression qu'il exécute correctement et fréquemment le comportement enseigné, alors que le lendemain, cela ne va plus du tout. Et si un jour vous ne vous sentez pas en grande forme, vous avez plus rapidement l'impression que votre enfant aussi va moins bien. Quand vous êtes en grande forme, il vous semble aussi que votre enfant fait toutes sortes de progrès.

«Bien» ou «mal» sont des interprétations, des suppositions subjectives sur lesquelles vous avez en fait peu de prise, parce qu'elles sont influencées par votre propre humeur. Pour arriver à savoir si votre enfant fait vraiment «bien» ce que vous lui avez demandé, vous devez «mesurer» le comportement qu'il a appris. Essayez de trouver un moyen pour mesurer le comportement appris, quantitativement et qualitativement. Cette évaluation est encore plus précise et efficace si vous la transposez sur un graphique (sorte de «tableau des scores»), car vous pouvez alors vous assurer en un coup d'œil de l'amélioration ou de la régression.

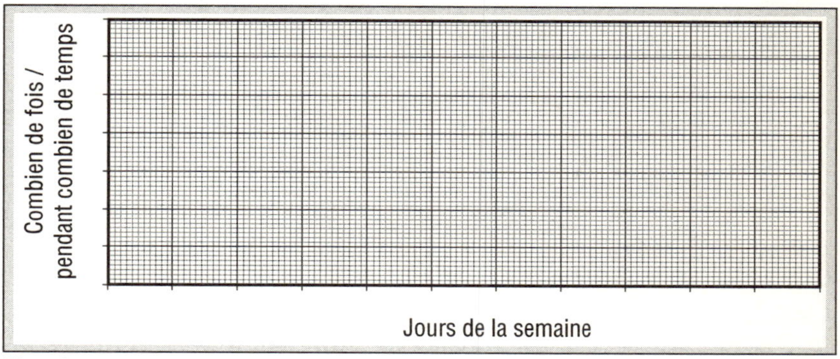

Figure 9

Affichez de préférence le score du comportement souhaité. Si vous êtes en train de désapprendre un comportement indésirable, comptez alors le comportement souhaité (opposé). Vous vous forcerez ainsi à garder à l'œil le comportement souhaité plutôt que son opposé. Certains comportements sont très faciles à représenter au moyen d'un tableau des scores; par exemple, aider à faire la vaisselle, enfiler soi-même ses chaussettes, faire son lit, amener un copain à la maison, obtenir plus qu'un 6/10 à l'école.

D'autres comportements se prêtent mieux au phénomène d'«échantillons» : vous notez pendant un temps déterminé combien de fois votre enfant se comporte de la manière souhaitée. Par exemple, pendant le souper et pendant l'heure qui suit, le père note chaque fois qu'Anne fait immédiatement ce qui lui est demandé. Ou la mère note combien de temps Ronald joue seul. Complétez sur le graphique de base les données que vous avez collectées pendant l'observation. Par exemple, si Ronald joue le premier jour tranquillement cinq minutes tout seul, inscrivez une croix à l'endroit où la ligne du premier jour et celle des cinq minutes se croisent. Si Ronald joue le lendemain dix minutes tout seul, on fait une croix au croisement de la ligne du deuxième jour et des dix minutes. Si vous reliez toutes les croix, vous obtenez, espérons-le, une courbe ascendante.

A titre d'exercice, remplissez vous-mêmes le graphique ci-dessous, d'après l'exemple suivant : Antoine faisait pipi au lit chaque nuit. Avec un programme d'encouragement, il resta au sec deux fois la première semaine, deux fois la deuxième semaine, cinq fois la troisième semaine, quatre fois la quatrième semaine, six fois la cinquième semaine, cinq fois la sixième semaine, sept fois les septième, huitième et neuvième semaines, six fois la dixième semaine, et depuis lors chaque semaine, sept fois !

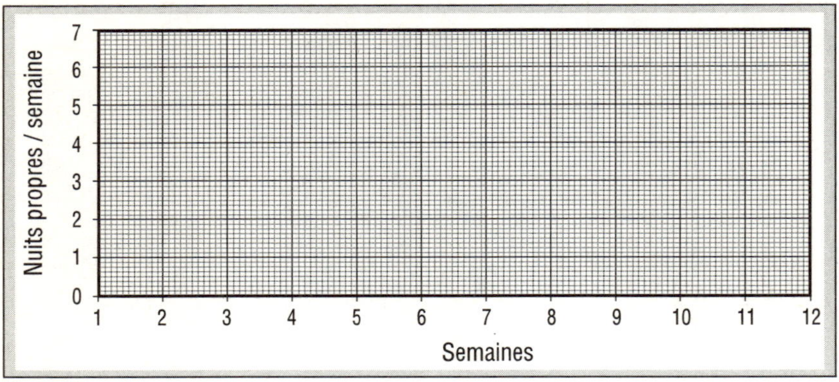

Figure 10

De ce graphique, vous pouvez déduire que, malgré les quelques rechutes, le «programme de mise au sec» d'Antoine se déroule très bien.

Si votre enfant a déjà appris à l'école comment on fait un graphique, il trouvera sans doute amusant de le faire lui-même.

La méthode ATE (Absence Totale d'Encouragement)

Nous avons déjà pointé combien il est difficile de ne pas encourager du tout un comportement non souhaité, parce qu'un simple regard, ou votre seule présence, sont suffisants pour être considérés par votre enfant comme un encouragement. Voilà pourquoi une méthode fut imaginée pour surmonter ces difficultés. Nous l'avons appelée la méthode «ATE» (initiales de Absence Totale d'Encouragement). Principalement d'après les recherches du Dr Patterson, il apparaît que l'ATE est beaucoup plus efficace, par exemple, que tempêter, râler, frapper ou que toutes les formes de punitions agressives en général. Cette méthode est principalement destinée à de jeunes enfants (jusqu'à environ 12 ans) et aux enfants qui ont des difficultés à apprendre ou à désapprendre quelque chose. La plupart des enfants n'ont besoin de la méthode ATE que pendant une courte période, le temps de remettre dans le droit chemin un comportement dont on a perdu le contrôle. Quand tout se remet en place à peu près correctement, vous pouvez arrêter l'ATE.

Appliquer la méthode ATE revient à mettre l'enfant à l'écart, dans un endroit où il ne peut recevoir ou trouver aucune forme d'encouragement.

Naturellement, cet endroit, cette pièce, ne peut pas être sombre ou inquiétant. Il ne s'agit en aucun cas de revenir à l'ancien enfermement dans la cave, dans une armoire ou dans le trou à charbon. Si vous concevez l'ATE dans cet esprit, il vaut mieux ne pas commencer. Un W-C ou une salle de bains, débarrassés d'objets destructibles, peuvent être des endroits appropriés. Le père d'un enfant de quatre ans incontrôlable avait redescendu son parc du grenier et l'avait fermé des quatre côtés avec des planches, de façon à ce que l'enfant ne puisse pas voir au dehors.

La mise à l'écart dans un tel espace a surtout pour but d'éviter toute forme d'encouragement, toute forme de contact. C'est aussi une sorte de punition que vous pouvez appliquer immédiatement et chaque fois, et à laquelle vous pouvez vous tenir facilement jusqu'à ce que le comportement non souhaité ne se reproduise plus.

Peut-être vous dites-vous «J'ai déjà essayé quelque chose de ce genre, mais cela n'a pas fonctionné.» Si cela n'a effectivement donné aucun résultat, peut-être n'était-ce pas une «vraie» ATE ou peut-être avez vous oublié d'encourager en même temps le comportement souhaité. Avant de commencer l'ATE ou si elle échoue, pensez à ce qui suit :

1. L'espace où l'ATE est appliquée ne doit provoquer aucune angoisse chez l'enfant. Nous ne retournons donc pas au «trou à rats» d'autrefois.

2. Il vaut mieux utiliser un espace isolé, comme un WC, une salle de bain, un hall…

3. S'il n'est pas possible de trouver un endroit isolé, délimitez d'une manière ou d'une autre un coin du living, du hall, ou de la cuisine. «Mettre au coin» est insuffisant parce qu'alors l'enfant reste accessible à toutes sortes d'encouragements et de distractions, comme par exemple la télévision, d'autres enfants ou votre présence.

4. Il ne peut rien y avoir dans cet espace avec quoi l'enfant puisse jouer.

5. Au début, l'ATE doit être appliquée chaque fois que l'enfant se comporte de manière indésirable.

6. L'ATE doit suivre immédiatement le comportement non souhaité. Si ce n'est pas possible, par exemple en voiture, vous pouvez dire à des enfants déjà raisonnables, un peu plus âgés, sans vous fâcher «Dès que nous serons à la maison, tu iras trois minutes en ATE».

7. Vous ne pouvez utiliser l'ATE que pour un seul comportement indésirable, bien déterminé. Si vous appliquez l'ATE à propos de tout et de n'importe quoi, la confusion surviendra aussi bien chez les parents que chez l'enfant. Il deviendra difficile de continuer à utiliser l'ATE de manière efficace.

8. Vous ne pouvez appliquer l'ATE que si vous mettez en route en même temps un programme d'encouragement du comportement opposé et souhaité !

9. Expliquez à l'avance et aussi clairement que possible, à votre enfant ce qu'est l'ATE, quel est votre but, ce que vous en attendez. Chez des enfants plus jeunes ou moins intelligents, cela ne réussit pas toujours, mais il faut essayer.

Par exemple : «Écoute, Vincent, la plupart du temps, je suis content de toi, mais tu es souvent brutal et je ne veux plus que tu me donnes des coups de pied. Nous allons t'aider à te désapprendre à donner des coups de pied. Si tu le fais encore, je te dirai «C'était brutal, va en ATE». Tu iras alors dans la salle de bains, et tu y resteras deux minutes. Je mettrai la minuterie de la cuisine sur deux minutes, et je la placerai près de la porte de la salle de bains. Tu entendras ainsi quand les deux minutes seront écoulées. Quand la minuterie sonnera, tu pourras sortir. Si tu refuses d'y aller, si tu donnes des coups dans la porte, si tu cries, si tu sors ou si tu fais des bêtises, j'ajouterai deux minutes. Si on arrive à dix minutes, tu ne pourras pas regarder la télé le soir. Mais je suis sûr qu'on n'en arrivera pas là, que ces deux minutes seront bien suffisantes. Regarde comme c'est court, deux minutes ! (la maman montre la minuterie). Et chaque jour où tu n'auras pas été brutal, papa te racontera une histoire.»

10. Après l'explication, le mieux est de faire une répétition dans un jeu de rôles, de «faire comme si». Par exemple, la mère demande à Vincent de jouer un moment le rôle du garçon brutal. Vincent le fait; la mère dit «c'était brutal, va en ATE» ; Vincent y va; on remonte la minuterie… et toute la procédure ATE est jouée comme une pièce de théâtre. Parfois ce jeu de rôles parvient déjà à diminuer les tensions.

11. Si vous utilisez l'ATE, vous devez tout à fait cesser de râler et de gronder. Une phrase doit suffire, par exemple «Tu t'es battu, va en ATE».

12. Ne perdez jamais votre calme quand vous appliquez l'ATE. Si votre enfant refuse d'aller en ATE, dites-lui simplement «Cela fera trois minutes en plus». Répétez cela au maximum trois fois.

13. Vous devez savoir ce que vous ferez si votre enfant refuse malgré tout d'aller en ATE. En tout cas, restez calme. Il est impératif que vous teniez le coup plus longtemps que lui, surtout la première fois. Dites par exemple «Pour chaque série de dix minutes, tu perds une soirée de télévision». Si vous avez dû en arriver là, exécutez cette punition sans faillir. Choisissez de préférence quelque chose que vous pouvez réaliser le jour même. Si un enfant plus jeune continue à refuser, emmenez-le calmement mais fermement vers l'endroit de l'ATE. Si nécessaire, un petit enfant peut y être mis de force. Vous le portez sans rien dire, son visage loin du vôtre, vers l'endroit de l'ATE. Quand il s'agit d'enfants plus âgés, les conséquences seront formulées et exécutées sans détour ! La première fois, ce sera vraiment difficile pour vous, mais vous devez rester ferme. Restez calme, mais déterminé.

14. Il est très important que les deux parents soient entièrement d'accord en ce qui concerne la démarche. Si ce n'est qu'à moitié ou pas du tout le cas, il vaut mieux ne pas commencer.

15. Vous risquez d'être déconcerté, si votre enfant dit «Mets-moi dans la salle de bains, ça ne me fait rien, c'est là que je suis le mieux». N'en tenez pas compte. Vous ne savez pas si votre enfant pense vraiment ce qu'il dit. A supposer même qu'il le pense, cela ne fait pas de tort au résultat visé par l'ATE. Car finalement le but principal est d'isoler l'enfant de tout encouragement, de tout contact. *Que l'enfant considère ou non cela comme une punition ne change strictement rien.*

16. Il y a des enfants qui essaient de se justifier et qui discutent. Ils trouvent que leur comportement n'est pas brutal du tout, qu'ils n'ont pas désobéi… Ne discutez pas avec votre enfant. Une telle discussion revient à prêter de l'attention et cela constitue déjà une forme d'encouragement. Tenez-vous à ce que vous avez décidé. Si vous estimez que ce que votre enfant explique est sensé, dites «D'accord, nous en discuterons quand tu sortiras d'ATE». S'il ne se soumet pas, donnez-lui trois minutes en plus. S'il continue à discuter malgré tout, agissez avec lui comme avec un enfant qui refuse d'aller en ATE.

17. Par principe, l'ATE est de courte durée : trois minutes environ. Il s'agit avant tout de la mise à l'écart de toute forme d'encouragement et de contact, ce n'est pas une punition. Utilisez la minuterie de la cuisine. C'est facile pour vous-même et plus clair pour l'enfant.

18. Si, dans une même famille, plusieurs enfants manifestent le même comportement indésirable (jurer, dire des gros mots…), mettez sur pied un accord ATE avec chacun. N'envoyez jamais deux enfants ensemble dans le même espace ATE !

19. *Vous devez toujours tenir bon dans l'application de l'ATE plus longtemps que votre enfant ne persiste dans son comportement indésirable.* La plupart des enfants comprennent vite qu'il s'agit de quelque chose de sérieux. C'est encore plus clair si vous abordez la situation de manière calme, résolue, avec un minimum de paroles.

20. Après un certain temps, lorsque l'ATE est réalisée correctement, les parents remarquent parfois que leur enfant la demande spontanément. Car des enfants hyperactifs plus âgés et intelligents en arrivent à pressentir le moment où ils perdent le contrôle d'eux-mêmes. Cette perte de contrôle est souvent très ennuyeuse pour l'enfant et parfois même angoissante. Si un enfant a expérimenté quelques fois que la mise à l'écart le rend plus calme, il est possible qu'il aille de lui-même vers l'espace ATE pour y retrouver son calme.

Un frein de secours : maîtriser physiquement l'enfant

En cas d'urgence, il existe un dernier moyen qui peut être particulièrement utile aux parents et à l'enfant, à condition qu'il soit appliqué de la bonne manière. Il consiste à maîtriser physiquement votre enfant. La seule manière correcte et efficace doit respecter les conditions suivantes : *uniquement en situation d'urgence et toujours avec tendresse, calme et fermeté*. Le but principal est d'arriver à calmer un enfant totalement déchaîné. Cette approche est difficile à expliquer noir sur blanc, car des malentendus peuvent facilement surgir.

C'est pourtant un moyen tellement utile que je vais tenter de l'expliquer et j'assumerai le risque d'être mal compris par certains pédagogues.

Supposons qu'un jeune enfant ne soit absolument plus abordable, qu'il soit complètement déchaîné et que sa colère dégénère en ouragan. Dans ce cas, maîtriser l'enfant physiquement constitue souvent le dernier et le meilleur moyen pour parvenir à le calmer. Vous mettez tout le monde dehors. Ne gardez aucun autre enfant dans le voisinage. La meilleure façon est de vous asseoir en prenant l'enfant sur les genoux (avec éventuellement l'aide de votre partenaire si l'enfant est plus grand). Vous maintenez son dos contre votre poitrine, vous croisez ses bras sur sa poitrine et vous prenez ses mains dans les vôtres. Vous entourez ses jambes avec les vôtres, de manière à le tenir serré contre vous, mais sans lui faire mal. Vous tenez bon jusqu'à ce que votre enfant ait retrouvé son calme. Vous ne parlez pas, vous ne vous fâchez pas. Vous pouvez dire quelques fois «Je te laisserai aller dès que tu seras calmé». Faites tout cela tendrement et calmement. *Ne le faites pas si vous êtes vous-mêmes hors de vous ou si vous ne vous sentez pas la force d'y arriver*. Vous devez rester tout à fait paisible, contrôlé, sûr de vous. Il est possible que la première fois cela se déroule comme un véritable combat.

Si les parents réussissent à rester tranquilles et sûrs d'eux, ces luttes deviennent étonnamment brèves. Même un enfant totalement déchaîné a vite compris quand la situation est vraiment sérieuse. Retenez bien que *si l'enfant perd tout contrôle de lui-même, pour lui aussi c'est une expérience très désagréable*. Il peut être très angoissé par le fait de ne plus se sentir capable de se dominer, de s'arrêter. Le frein qui lui manque alors ce sont ses parents qui doivent le lui donner.

Les quelques fois où dans mon bureau, des parents ont ainsi ramené au calme un enfant totalement déchaîné ou quand je l'ai fait moi-même, j'ai remarqué que la lutte devenait rapidement une sorte de combat symbolique; ce qui est possible si l'enfant perçoit très clairement que vous agissez tendrement mais fermement.

Si vous vous dominez bien et restez maître de la situation, l'enfant se débattra encore pour ne pas perdre la face. Ceci est surtout vrai chez des enfants plus âgés; ils pourraient vraiment vous faire mal, mais finissent par céder.

Des parents de petits enfants hyperactifs m'ont raconté que, dans des moments de tension ou d'émotion extrême, ils pouvaient les calmer en les tenant contre eux. Si leur enfant était tout à fait déchaîné par des événements tels qu'une maladie, des vomissements, la préparation d'un voyage scolaire, la difficulté de s'endormir, ils le tenaient tout contre eux – en dépit de l'opposition initiale de l'enfant. Ils s'installaient avec lui sur un banc ou sur un lit. Un père m'a expliqué comment dans une situation pareille, il a un jour pris solidement dans les bras son enfant qui se débattait. Il rythma sa propre respiration sur celle de l'enfant, puis respira de plus en plus lentement, car il avait remarqué que la respiration de l'enfant et l'enfant lui-même s'en trouvaient calmés.

Quand un tel contrôle physique s'est correctement déroulé, parents et enfants racontent souvent après coup que ce fut une expérience positive. Des enfants plus âgés racontent par exemple que l'intervention paisible, amicale, mais vigoureuse, leur a rendu de l'assurance et du calme. Parents et enfants racontent que ce corps-à-corps leur a donné en même temps un sentiment de chaleur.

Pour conclure, gardez bien à l'esprit que ceci reste une intervention d'urgence. Vous ne pouvez pas le faire dix fois de suite. Si vous devez sans cesse utiliser cette sortie de secours, il vous faudra réfléchir sérieusement sur ce qui déclenche les situations à problème, ce qui les encourage et comment vous pouvez les prévenir.

Résumé

Les raisons importantes pour lesquelles un enfant continue à se comporter de manière indésirable sont :

1. Beaucoup de comportements indésirables s'auto-entretiennent.

2. Un comportement indésirable est parfois réellement récompensé.

3. Un comportement indésirable est encouragé par les gronderies et les plaintes.

4. Un comportement indésirable est encouragé quand il fait cesser une situation désagréable.

5. Un comportement indésirable est encouragé quand la punition n'est pas mise à exécution.

6. Le comportement inadéquat de la part des parents est lui aussi encouragé.

7. Le comportement indésirable se renforce s'il est encouragé de temps à autre.

Un enfant hyperactif doit sentir clairement quand il dépasse les bornes. L'une ou l'autre forme de punition est parfois indispensable. Tenez bien compte du fait que les punitions (surtout agressives) comportent de nombreux inconvénients. Vous obtiendrez beaucoup plus si vous vous concentrez sur l'encouragement du comportement opposé, celui qui est souhaité. Si vous punissez, utilisez systématiquement et immédiatement une punition modérée; éventuellement utilisez l'ATE.

Enfin, tenir des «petites listes» du comportement constitue parfois un réel soutien pour les parents.

Chapitre 4 *Comment se comporter avec les enfants hyperactifs Conseils pratiques*

Les conseils des 2e et 3e chapitres sont des règles de base de l'apprentissage du comportement socialisé en général. Ils concernent également les enfants hyperactifs, mais les principes qu'ils proposent peuvent être utilisés pour n'importe quel enfant à qui on veut apprendre ou désapprendre quelque chose d'une manière efficace et agréable. Dans ce chapitre-ci, vous trouverez des conseils qui s'adressent plus spécifiquement aux enfants hyperactifs et surtout aux enfants avec ADHD.

1. Simplicité et structure

Les enfants hyperactifs ont besoin de structure. Cette structure doit avoir trois caractéristiques importantes : de l'ordre, de la régularité, des règles simples et claires.

Les enfants hyperactifs, surtout ceux avec ADHD, ont *un besoin primordial : l'ordre*. Ces enfants sont incapables d'organiser seuls ordre et régularité : vous devez vous en charger à leur place. Ceci demande aux parents de régler du mieux qu'ils peuvent leurs propres affaires et d'avoir un horaire aussi régulier que possible chaque jour et chaque semaine. Ce besoin de régularité qu'a l'enfant hyperactif, vous le remarquerez quand son cadre de vie ordonné et régulier disparaît pendant les vacances ou les fêtes de fin d'année : alors, le comportement de l'enfant hyperactif risque de devenir plus difficile.

Comment pouvez-vous aider votre enfant dans ce domaine ? Tout d'abord, en rangeant toutes les affaires familiales – surtout les siennes – à des endroits déterminés. Encouragez-le à en faire autant. Ensuite, sachez que les enfants hyperactifs sont aidés *par une grande régularité d'horaires et des routines bien définies*. Ils trouvent des repères et un certain calme dans un horaire régulier (se lever, se coucher, regarder la télé) et des routines bien établies (par exemple au coucher, avoir le même rituel pour se déshabiller, faire pipi, se laver, raconter une histoire, le border…).

Il se peut que votre enfant se montre de temps à autre réticent à cette discipline. Demandez-vous alors si les règles ne sont pas devenues trop strictes, essayez de les assouplir un peu. En même temps, faites une expérience, dites à votre enfant que vous avez l'intention d'adoucir un peu les règles, mais que vous devrez resserrer les rênes si après une semaine, cela ne convient pas parce qu'il redevient agité et inquiet.

Si des enfants ordinaires se trouvent plusieurs fois confrontés à une même situation, ils pourront la reconnaître mieux et plus facilement la fois suivante. La plupart d'entre eux feront aussi le lien entre une situation donnée et une autre qui lui ressemble.

Par contre, un enfant hyperactif (et surtout un enfant avec ADHD) ne remarque pas toujours les rapports. Comme ces enfants ont des difficultés de concentration ils ne gardent en mémoire d'une situation donnée que des impressions disparates et confuses. Ils ne se rendent pas compte, le jour suivant, qu'ils sont dans la même situation que le jour précédent. Ils ne s'aperçoivent pas que certaines situations, apparemment différentes, ont en fait d'importantes similitudes. Au contraire, chez beaucoup d'enfants hyperactifs, l'attention se porte automatiquement vers ce qui leur paraît nouveau ou différent de l'ordinaire et ils ne perçoivent pas que des caractéristiques importantes sont restées identiques.

Par exemple, dans la pièce de séjour il y a certaines règles à respecter : ne pas crier, ne pas monter sur les fauteuils, ne pas toucher à la chaîne stéréo… Un enfant ordinaire se rend vite compte que ces règles sont toujours d'usage, même quand il y a de la visite. Pour un enfant avec ADHD, ce n'est pas si évident. Avec son trouble de l'attention, une pièce avec des invités est complètement différente d'une pièce sans visiteurs. Son attention se porte sur ce qui est nouveau (les visiteurs) et non sur ce qui n'a pas changé (la pièce de séjour et les règles liées à celle-ci). De temps en temps, vous en tirerez certains avantages : l'enfant fixe tellement son attention sur une nouveauté qu'il est tranquille pendant un certain temps dans la pièce où habituellement il papillonne de droite à gauche.

En général, les enfants font face à une nouvelle situation en faisant le lien avec une situation connue. Pour un enfant ADHD, ce n'est pas si facile. Il est possible qu'il réagisse mal ou qu'il devienne angoissé s'il est placé dans une nouvelle situation. Un enfant ADHD ne prévoit pas que si son père se fâche quand il joue avec un couteau, il se fâchera aussi quand il jouera avec les ciseaux. Il lui est difficile de comprendre que si sa mère lui interdit quelque chose, la même interdiction vaut également quand elle est absente. C'est pourquoi ces enfants acquièrent beaucoup plus difficilement que les autres un code de conduite propre, une «conscience» propre.

Pour aider l'enfant ADHD à découvrir les similitudes entre des situations et ce qui est important dans une situation donnée, il faut que l'éducation soit aussi simple et structurée que possible.

Tous les enfants hyperactifs, mais surtout ceux avec ADHD, ont besoin de *règles très simples et de réactions claires, positives, et encourageantes lors d'un comportement souhaité et de conséquences désagréables en cas de comportement indésirable*.

Vous remarquerez que notre point de vue n'est pas du tout du genre «soyez très patient», «soyez indulgent», «laissez-lui beaucoup de liberté». Parfois, par compassion ou par intérêt, les parents écoutent volontiers des conseils de ce genre. Mais cela n'aide guère leurs enfants, au contraire.

Poser des exigences simples et claires, avec amour et fermeté, et encourager fortement le comportement souhaité, c'est la seule formule qui a une chance de succès.

Vos souhaits et exigences doivent être concis, simples et ne pas prêter à confusion. Aussi simples et précis que s'ils étaient adressés à un plus jeune. L'idéal est d'utiliser une seule phrase courte et précise. Par exemple : «Joue tout seul tranquillement pendant dix minutes (montrez la minuterie). Si tu y arrives, tu pourras m'aider à la cuisine avec le mixer».

Les exigences doivent être très claires surtout pour les enfants ADHD parce que ces enfants ont des difficultés à discerner les nuances et les exceptions telles que : *peut être, un peu, parfois, d'une part, d'autre part, habituellement... mais dans ce cas*.

Si vous lui interdisez quelque chose, vous ne devez tolérer aucune exception. Ceci vaut également quand vous permettez quelque chose : vous devez le faire dans tous les cas. Ces enfants, plus que les autres, sont complètement désorientés lorsqu'ils reçoivent des directives auxquelles les parents accordent tantôt de l'importance, tantôt pas. Ils rencontrent aussi des difficultés quand les attentes de la mère ne sont pas les mêmes que celles du père. Ils ont besoin de règles simples et peu nombreuses.

L'enfant ADHD, plus encore que l'enfant hyperactif, doit savoir exactement ce qui est permis et ce qui ne l'est pas. En tant que parent, vous devez lui faire savoir exactement jusqu'où il peut aller, quelles sont les limites qu'il ne peut pas franchir : c'est important pour n'importe quel enfant hyperactif, et essentiel pour l'enfant ADHD qui ne va intérioriser les règles et les structures qu'au bout d'un moment.

Par ailleurs les structures que vous imposez à un enfant vont devenir ses propres règles intérieures. Pour l'enfant ADHD ce processus est spécialement difficile. La structure doit donc être simplifiée à l'extrême, et vous devez continuer à poser les règles tant qu'il ne les aura pas intériorisées. Vous devez tenir bon jusqu'au moment où l'enfant sera capable de reconnaître de lui-même les similitudes de structure entre des situations apparemment différentes.

Pour les parents, il n'est pas toujours facile de persévérer jusqu'au bout. C'est parfaitement compréhensible et il est normal que parfois vous renonciez ou que vous laissiez tomber la «structure» ou encore que vous vous mettiez en colère. Ne vous sentez surtout pas coupable, parce que il faut vraiment être bien armé pour avoir jour après jour la volonté de persister. Même des «super-parents» peuvent de temps en temps perdre patience!

En général, quand l'enfant atteint la puberté, vous devrez de moins en moins mettre l'accent sur les règles et laisser le jeune chercher lui-même sa propre structure. Mais pour un jeune un enfant ADHD cela est pratiquement impossible, parce que si vous lâchez les rênes trop vite les problèmes de comportement risquent de s'aggraver.

2. Eviter de distraire l'attention

Quand un enfant a tant de mal à fixer son attention et à se concentrer sur ce qu'il fait, il faudra naturellement éviter autant que possible les causes de distractions et les excitations inutiles. C'est une des raisons pour lesquelles nous vous conseillons de présenter vos attentes et instructions aussi simplement que possible et d'éviter les mots et les phrases superflus qui dispersent son attention.

On peut également aider un enfant hyperactif à se concentrer sur ce qui est important en *évitant dans son environnement, toutes les causes possibles de distraction*. Un enfant hyperactif se comportera plus calmement dans un endroit pauvre en stimulations. Ceci est surtout important en ce qui concerne les tâches scolaires. De préférence, il fera ses devoirs à une table où ne se trouve que le strict nécessaire, en face d'un mur dépourvu de décorations, dans une pièce avec le moins possible de bruits gênants.

Quand un enfant ordinaire apprend à rouler à vélo, vous choisissez pour cela une petite rue tranquille. Mais dans le cas d'un enfant ADHD il vaudrait encore mieux un chemin totalement isolé où il ne passe pas un chat. Et encore, ne vous étonnez pas de le voir tomber du vélo au moment où une vache se met à meugler dans le lointain.

A table aussi, essayez de créer une zone libre autour de l'assiette de l'enfant hyperactif et faites en sorte que l'atmosphère soit la plus paisible possible. Si votre enfant renverse malgré tout son verre, restez calme. Commencez le repas suffisamment à temps car s'il faut se presser ou s'il y a une cause d'agitation ou de tension quelconque les risques d'accident augmentent.

En règle générale : évitez excitations et distractions aux moments où votre enfant a besoin de se concentrer.

Il y a une seule exception à cette règle : ce sont les enfants qui deviennent nerveux quand il fait trop calme. Ces enfants-là ont besoin d'une excitation continue et se concentrent plus facilement lorsque, par exemple, vous mettez la radio en sourdine. La seule façon de savoir si c'est le cas pour votre enfant, c'est d'essayer.

3. Prévenir vaut mieux que guérir

En tant que parent d'un enfant hyperactif, *vous devez apprendre pour vous-même à anticiper les situations problématiques*. Vous devez vous rendre compte qu'une situation qui vous semble tout à fait normale est pour votre enfant «nouvelle» et *inhabituelle*.

Vous devez préparer votre enfant à toutes sortes de nouvelles situations et intervenir dès que les choses risquent de tourner mal. Pensez à l'effet boule de neige. Si vous allez quelque part en visite, racontez-lui à quoi ressemble l'endroit où vous vous rendez, qui sera là, ce qui va se passer et ce que vous attendez précisément de lui. Vous pouvez préparer votre enfant en lui racontant à l'avance ce qui va se passer. Un moyen très efficace pour cela est le «jeu de rôle». Vous jouez comme au théâtre avec votre enfant la nouvelle situation. Si vous allez en visite chez ses grands-parents par exemple, imaginez que votre salle à manger est la leur et vous jouez, vous-même, le rôle des grands-parents. La première fois que vous ferez un jeu de rôle, vous trouverez peut-être cela incongru, mais vous serez convaincu de son efficacité quand vous verrez à quel point il peut aider votre enfant.

Pour éviter des problèmes au cours d'une nouvelle situation, il est bon de *rester auprès de votre enfant*, surtout aux moments où vous savez que ça risque de mal tourner. Ce qui est très pratique dans ce cas, c'est d'utiliser des signaux. Beaucoup de parents décident, avec leur enfant, d'un «code secret» pour pouvoir en cas de besoin le prévenir sans attirer l'attention générale. Froncer les sourcils ou «faire de gros yeux» est souvent efficace, mais les enfants préfèrent inventer un vrai langage «secret» spécialement concocté pour eux.

EXEMPLE

Voici comment les parents de Didier lui ont appris la méthode «stop, réfléchis, action» (voir plus loin). Pour «stop» ils lui ont appris à fermer le poing comme pour freiner à vélo. Comme ça se passait bien, ils lui ont ensuite appris à fermer le poing et à penser «stop» chaque fois qu'eux-mêmes fermaient le poing. Ça fonctionnait non seulement à la maison, mais aussi en visite sans attirer l'attention des autres personnes. Plus tard Didier a appris à fermer le poing tout seul et à penser «stop» sans la présence de ses parents.

Enfin, il est utile en matière de prévention de *dresser une liste d'instructions*. Comme nous l'avons décrit plus haut, il est difficile pour un enfant hyperactif de suivre des instructions simultanées ou complexes. Donc, ne lui dites pas «lève-toi, ouvre ton lit, enlève ton pyjama et vas faire pipi» puis «lave-toi, habille-toi et descends», car il y a beaucoup de chance que votre enfant aille faire pipi et puis s'arrête à la salle de bain, pour jouer avec le dentifrice. Il est préférable de faire une belle liste et de la placer, bien en vue, dans la salle de bain. Vous convenez avec lui d'une récompense s'il fait convenablement tout ce qu'il y a sur la liste (ou, au début, d'une partie de la liste : pensez par paliers). Ceci aussi peut paraître exagéré mais, croyez-moi, vous arriverez ainsi à simplifier et à rendre agréables un grand nombre de comportements routiniers.

4. S'arrêter et réfléchir : un réflexe d'une importance vitale

Chez beaucoup d'enfants hyperactifs, l'impulsivité est un des problèmes plus sérieux et dangereux. Ces enfants agissent continuellement de façon *irréfléchie* et *incontrôlée*. Ils ne pensent vraiment pas plus loin que le bout de leur nez. Comment leur apprendre à réfléchir avant d'agir ? *Comment leur apprendre à se contrôler ?*

Sachez d'abord que c'est une tâche difficile. Il y a cependant des moyens qui, chez certains enfants, donnent de bons résultats.

Dans certains cas on peut aider ces enfants en leur apprenant à compter jusqu'à cinq avant de se mettre en action. Si votre enfant est plus grand, il vaut mieux remplacer cette formule et lui apprendre à se dire à lui-même : «stop, réfléchis, action» avant qu'il ne commence quelque chose. Il faut que ces trois mots deviennent un vrai réflexe !

Certains parents en font un refrain ou une chansonnette pour que ça se retienne mieux. D'autres l'associent à un héros de bande dessinée ou de la télé. La règle d'or de «Super-Anne» :

- Stop .... «Stop Anne !»
- Réfléchis .... «Que vois-tu ? Qu'entends-tu ?»
  .... «Que pense Anne ?»
- Action .... «Vas-y, Anne !»

EXEMPLE

Pierre se débrouillait déjà bien avec le système «stop-réfléchis-action», mais en classe, il réagissait encore trop impulsivement. Comme aide-mémoire pour l'école, il s'est fabriqué pour lui-même un petit «ordinateur» à l'aide d'une boîte d'allumette. Dans le fond de la boîte il a écrit : «stop-réfléchis-action». En faisant glisser la partie coulissante les mots apparaissaient dans une petite fenêtre découpée dans le couvercle de la boîte.

EXEMPLE

Jean a trouvé une autre solution : il s'est mis un élastique autour du poignet et a appris à tirer un petit coup sur l'élastique, puis à le lâcher en disant : «stop, réfléchis, action». La petite douleur lui rappelle l'élastique et celui-ci à son tour lui rappelle sa formule.

Il faudra s'exercer longtemps. Quand vous demandez quelque chose à votre enfant, exigez de lui qu'avant de commencer, il dise à haute voix : «stop, réfléchis, action» ou «stop, écoute, réfléchis, action». Au début, entraînez-le en le disant avec lui. Plus tard, l'enfant peut se le dire à voix basse, mais veillez à ce qu'il le fasse vraiment. S'il le fait vraiment, vous verrez qu'il prend une petite pause avant d'agir. N'oubliez surtout pas de l'encourager abondamment chaque fois que vous remarquerez qu'il le fait bien!

Vous pouvez aussi lui apprendre à se parler à lui-même à voix haute quand il fait quelque chose. Exercez-vous d'abord vous-même. Par exemple : «J'arrive au coin de la rue, je descends de mon vélo, je prends mon vélo par la main, je regarde à gauche, à droite, je ne vois rien, je traverse...». Ensuite demandez à votre enfant s'il veut faire la même chose, à voix haute. Lorsque vous apprenez quelque chose à votre enfant, faites-le selon les règles du 2e chapitre, mais ajoutez y un élément : «Dis à haute voix ce que tu fais» et plus tard : «Dis à voix basse ce que tu fais».

C'est une très bonne habitude pour les parents d'enfants hyperactifs de penser autant que possible à voix haute lorsqu'ils apprennent quelque chose à leur enfant. De cette façon, leur enfant apprendra également à penser à voix haute. Cela vaut vraiment la peine de passer beaucoup de temps, d'attention et d'efforts pour qu'il prenne cette habitude. Si votre enfant est très impulsif, le «stop-réfléchis-action» doit devenir un vrai réflexe.

Ne vous tracassez pas si ces exercices ont un air un peu «militaire», même si vous essayez de les égayer par un refrain, des rimes ou des récompenses. L'impulsivité d'un enfant provoque trop souvent des situations dangereuses, voire un danger mortel. Le réflexe appris peut donc réellement lui sauver la vie! Vous-même serez plus tranquille si vous savez que votre enfant a le réflexe d'attendre quelques secondes et de réfléchir avant de se lancer dans une action.

5. L'intégration des frères et soeurs

Votre enfant hyperactif accapare tellement votre attention que vous courez le risque de passer trop peu de temps avec vos autres enfants. Vous pouvez en partie résoudre ce problème en accordant à chaque autre enfant dix minutes d'attention exclusive comme je l'ai expliqué au paragraphe 9. Vous pouvez aussi les faire participer et profiter des programmes d'apprentissage que vous organisez pour votre enfant hyperactif. Après avoir expliqué à celui-ci ce que vous attendez de lui, expliquez-le aussi aux autres enfants et récompensez les autant que lui.

EXEMPLE

Voici comment les parents de Marc ont procédé. Ils ont dit à leurs enfants : « Vous savez comme il est difficile pour Marc de rester assis tranquillement au moment des repas. Nous allons, pour l'aider, lui permettre de sortir deux fois de table au cours du repas : une fois après la soupe et une fois après avoir changé les assiettes. Si entre temps il reste assis tranquillement, il recevra et vous aussi un bon avec lequel... »

Par cette petite stratégie, non seulement les frères et soeurs reçoivent l'attention des parents et peuvent gagner quelque chose, mais en plus, ils feront leur possible pour que le projet réussisse au lieu de le saboter.

Nous remarquons d'ailleurs que des enfants « sages » s'amusent parfois à provoquer l'agitation de l'enfant hyperactif, sans que les parents ne s'en aperçoivent. Et c'est l'enfant hyperactif qui est grondé. Beaucoup de frères et sœurs d'enfants hyperactifs sont passés maîtres dans ce petit jeu. S'ils ont avantage à ce que l'enfant hyperactif se comporte bien, il y a beaucoup de chance pour qu'ils arrêtent leur travail de sape et commencent à collaborer.

Vous pouvez aller encore plus loin. Par exemple, enseigner aux enfants plus âgés les principes d'apprentissage-désapprentissage des comportements comme nous l'avons appris au chapitre 2. Vous pouvez leur enseigner que s'ils veulent que leur embêtant petit frère désapprenne quelque chose, il faut encourager le comportement désiré. Les parents sont chaque fois surpris de voir à quel point les enfants sont ingénieux dans ce domaine. Essayez !

Nous avons constaté, même dans les familles sans enfant hyperactif, que les problèmes arrivent bien plus facilement quand il n'y a pas assez de structure que quand il y en a trop. Une structure bien déterminée et des règles bien établies sont favorables à tous les enfants. Chaque enfant a besoin de clarté, chaque enfant a besoin que les parents aient la même ligne de conduite. Et pour un enfant hyperactif, c'est indispensable.

Il faudra trouver un compromis entre les besoins de l'enfant hyperactif et ceux de ses frères et soeurs. Ce n'est pas simple. Ne craignez cependant pas d'établir des règlements et de passer des accords avec vos autres enfants tout comme avec votre enfant hyperactif.

Pour toutes ces raisons, lorsqu'une psychothérapie s'avère nécessaire pour un enfant hyperactif, il est vraiment important que tous les membres de la famille y participent. Donc si vous avez besoin d'un thérapeute pour votre enfant hyperactif, choisissez non seulement quelqu'un qui a l'habitude de travailler avec des enfants, mais aussi avec toute la famille, ce qu'on appelle un thérapeute familial. Dans certains centres, on partage ce travail entre deux thérapeutes, l'un pour l'enfant, l'autre pour la famille. C'est aussi une bonne solution.

6. Petit oasis avec un droit d'asile

Quelqu'un qui est poursuivi par des ennemis peut trouver refuge dans une église ou une ambassade, sachant que là, il sera laissé en paix. Un enfant hyperactif aussi doit pouvoir échapper de temps en temps à toutes les exigences auxquelles il est soumis.

Ces exigences que nous trouvons normales et nécessaires demandent un gros effort de la part de l'enfant hyperactif et il risque parfois de se sentir débordé. Avec un enfant intelligent et plus âgé il peut être utile de se mettre d'accord sur le choix d'une pièce ou d'un endroit «sacré». L'enfant qui s'y réfugie doit y être laissé en paix.

L'idéal à cet effet est un endroit sans excitations, sans rien de cassable, avec le moins d'objets possible, seulement destiné à laisser l'enfant s'occuper en toute tranquillité. Pensez à y mettre un tableau et de la craie, des feuilles pour dessiner, quelques livres, un baladeur et des cassettes qu'il aime et qui le calment… C'est important que cet oasis soit pauvre en excitations, car l'objectif est que votre enfant puisse s'y apaiser.

Pour éviter toute confusion, utilisez de préférence une autre pièce que celle utilisée pour l'ATE (voir chapitre 3). Ce peut être la même pièce que celle que vous avez aménagée pour lui faire faire ses devoirs. Elle ne doit pas être spécialement grande, ce peut être éventuellement sa propre chambre, mais comme la chambre d'un enfant hyperactif est rarement pauvre en stimulations, bien ordonnée et apaisante, ce n'est pas l'idéal.

Beaucoup de parents qui ont essayé ce système ont découvert qu'un «refuge» spécifique était plus adéquat. Comme d'habitude, ils ont fait preuve de beaucoup d'imagination : une cabane dans le jardin, un coin du garage ou du grenier, isolé par des panneaux, une armoire à provisions aménagée, l'espace sous l'escalier, un endroit protégé au bout du corridor… Laissez votre enfant vous aider à réfléchir : il aura souvent une idée géniale.

Essayez de respecter complètement son refuge. *Laissez-y votre enfant en paix,* même s'il s'y réfugie en plein conflit. N'essayez pas de forcer sa porte, même en lui demandant la permission d'entrer. Profitez-en pour reprendre votre calme et ramener le problème à sa juste proportion.

Ne faites pas de ce refuge un endroit de punition ou de mise en isolement : votre enfant doit pouvoir y entrer et en sortir de son plein gré. Cette solution peut aider énormément pour briser le cercle vicieux d'une situation qui aurait tendance à s'aggraver, quand les enfants et les parents s'énervent de plus en plus. Même si l'enfant s'y réfugie pour vous fuir, surtout dans une situation conflictuelle grave, laissez-lui son refuge, pour lui tout seul.

7. Suffisamment d'espace pour se défouler

Nous avons beaucoup parlé jusqu'à présent de toutes sortes de façons de donner à votre enfant hyperactif les structures dont il a besoin : comment rendre son entourage pauvre en stimulants perturbateurs et comment lui présenter stablement des règles et des limites. Cependant, votre enfant encore plus qu'un autre, a besoin d'espace au propre comme au figuré.

Il est très difficile d'élever un enfant hyperactif dans un petit trois-pièces au sixième étage d'un immeuble. Ce n'est déjà pas indiqué pour un enfant ordinaire, mais pour un enfant hyperactif (et ses parents), c'est un désastre. *Un enfant hyperactif a un grand besoin de pouvoir régulièrement se défouler à fond,* tout comme vous devez régulièrement sortir un jeune chiot pour éviter qu'il ne s'en prenne au mobilier. L'idéal est un jardin où il peut disposer d'un espace sans contrainte. Allez vous promener, donnez-lui un punching-ball (c'est mieux qu'un sac de sable), donnez-lui la chance de se livrer complètement au jeu ou au sport. Un bon professeur de judo peut faire des miracles. Vous aussi, défoulez-vous de temps en temps, par exemple, roulez avec lui sur le tapis ou inventez un jeu sauvage. Ne le gardez pas à l'intérieur même en cas de mauvais temps.

A l'intérieur, donnez-lui de quoi bricoler dans un endroit approprié même si le résultat ne ressemble à rien, un endroit où il peut mettre du désordre et faire du bruit (un coin de la cave, un appentis...). Dans ce domaine, un mouvement de jeunesse peut aider beaucoup. Le mieux sera un mouvement «classique», c'est-à-dire bien structuré. Il sera bien sûr nécessaire de vous entretenir avec le «staff» (souvent fort jeune) et de garder contact avec celui-ci. Ce sera également nécessaire si vous affiliez votre enfant à un club sportif. Un bon professeur, de judo par exemple ou de football, peut offrir à votre enfant la combinaison idéale de discipline, de coordination des mouvements et de défoulement.

8. Collaboration intensive avec l'école

La collaboration avec l'école est d'une importance primordiale. Vous devez suivre l'évolution scolaire d'un enfant hyperactif de beaucoup plus près qu'avec un autre enfant ! Il est chaque fois surprenant de constater qu'un enfant hyperactif peut apprendre et évoluer de façon très satisfaisante avec un professeur et être complètement insupportable avec un autre : tout comme la bonne compréhension entre parents et enseignants, le style de prise en charge de l'enseignant est très important.

En général, les enfants hyperactifs fonctionnent mieux dans des écoles fort structurées, un peu plus strictes avec des règlements bien établis.

Pour certains enfants, une école plus libre peut se révéler très adéquate, mais pour un enfant hyperactif, surtout ceux avec ADHD, un environnement peu structuré est rarement conseillé.

Avant, nous allions en tant que thérapeutes à l'école de l'enfant hyperactif pour décider avec le professeur des mesures à prendre. Mais petit à petit, il nous est apparu que les parents sont tout à fait capables d'accomplir cette tâche. Mieux encore, la relation parents-école se trouve améliorée à long terme si les parents prennent contact dès le début avec l'école. C'est pourquoi nous insistons sur ceci : *faites régulièrement le point avec l'école.*

Il y a trois sujets à aborder avec le professeur :

1. le fait que votre enfant est hyperactif et/ou ADHD ;

2. la façon de procéder qui a fait ses preuves à la maison et avec les professeurs précédents ;

3. comment travailler ensemble.

Non seulement il est important que le professeur sache que votre enfant est hyperactif, mais vous devez aussi lui expliquer quels sont les problèmes spécifiques de votre enfant. Surtout s'il a aussi un ADHD. Tous les professeurs ne savent pas ce que c'est. Le mieux serait de donner au professeur, au début de l'année scolaire, un exemplaire de ce livre et d'en discuter ensuite avec lui. Cela nécessite bien sûr du temps et de l'énergie, mais cet investissement rapporte beaucoup.

Vous pouvez aussi échanger des idées sur la meilleure façon de procéder avec votre enfant et raconter ce qui, à la maison, est le plus efficace. Si la classe n'est pas trop grande, l'enseignant peut alors tenter de s'occuper de votre enfant d'une façon similaire.

Comme vous le savez, il est très important que les encouragements et les punitions suivent de près le comportement qui est demandé. C'est pourquoi il est important que, chaque jour, le professeur note dans le journal de classe, ne fût-ce que très sommairement, ce qui s'est passé à l'école. Si votre enfant rentre à la maison avec une bonne remarque, vous pouvez immédiatement le féliciter et le récompenser.

EXEMPLE

Nous avons parlé de cette façon d'agir avec Félix (14 ans) à ses parents et professeurs. Félix préférait que son professeur n'écrive pas dans son journal de classe, parce que dans son école, les enfants faisaient des dessins dans les journaux de classe de leurs copains, y mettaient des autocollants, ou écrivaient des petits textes. Il préférait utiliser un petit carnet. Nous le nommions le «cahier aller-retour». Comme Félix collectionnait les autocollants, ses parents ont proposé de récompenser les bonnes remarques en lui en offrant.

Il est important que vous, parents, vous épauliez l'école et que les professeurs et les parents collaborent. Si des difficultés surgissent dans cette collaboration, le centre PMS de l'école ou votre thérapeute peut intervenir. Certains centres PMS sont d'excellents intermédiaires entre les parents et l'école. Ils peuvent aider, éventuellement avec le professeur de réadaptation – dans l'enseignement ordinaire –, à prendre en charge les difficultés d'apprentissage.

Quand ça ne va pas du tout, nous (les thérapeutes) organisons parfois une réunion avec les parents, le PMS et le professeur. Si vous avez l'aide d'un thérapeute familial, lui aussi se verra souvent disposé à organiser une rencontre de ce genre. N'ayez pas peur de la lui demander.

Vous devez tenir compte du fait que pour le professeur d'une classe de vingt-cinq élèves, il est très difficile de donner à chaque enfant une attention particulière. Plus difficile que pour les parents de deux, trois ou quatre enfants. C'est pourquoi, pour certains enfants hyperactifs, des classes moins nombreuses et un enseignement plus individualisé seront nécessaires. Ceci est possible dans le cadre d'une école spéciale. Pas mal de parents sont a l'origine de problèmes supplémentaires par leur refus d'envoyer l'enfant qui en a besoin en enseignement spécialisé. Parfois les écoles ordinaires elles-mêmes refusent trop longtemps d'y envoyer un élève. Elles font souvent l'impossible pour garder un enfant alors qu'une classe moins nombreuse et des professeurs spécialisés seraient plus appropriés.

On comprend que la plupart des parents aient du mal à accepter que leur enfant doive se rendre dans une école spécialisée, mais sachez que certains enfants, même des enfants hyperactifs intelligents, y réussissent mieux et arriveront plus loin qu'en enseignement ordinaire.

Parfois, il est difficile de trouver une école spécialisée adéquate parce qu'on y a mis dans une même classe des enfants avec des handicaps différents (par exemple, des enfants avec des troubles du caractère et du comportement), ce qui peut rendre l'atmosphère de la classe trop turbulente pour votre enfant. Il est bon, à ce propos, de se renseigner et d'en discuter : auprès de l'école intéressée et du centre PMS, auprès d'autres parents d'enfants hyperactifs, ou de parents faisant partie d'une association de parents d'enfants hyperactifs.

9. Des manifestations d'amour inconditionnel

Il s'agira vraiment d'être un parent extraordinaire non seulement pour donner à votre enfant la structure, le contrôle et la discipline dont il a besoin, mais aussi pour être chaleureux, plein d'amour et d'affection pour lui. Ainsi, un jeune enfant adore ce petit jeu plein de tendresse : vous êtes accroupi, bras ouverts, et vous le laissez courir vers vous, vous le soulevez et tournez en rond avec lui. Mais avec un enfant hyperactif il y a un grand risque qu'il vous renverse dans son enthousiasme et que vous receviez un coup de coude mal placé. Résultat : vous ne recommencerez plus ou alors tellement sur la défensive, que vous êtes complètement tendu, ce qui compromet dangereusement la sensation de chaleur et de tendresse ! Ceci n'est qu'un petit incident, cependant, il s'en passe des dizaines par jour entre un enfant hyperactif et son entourage. Le danger est grand qu'un enfant hyperactif vienne à manquer d'affection, de chaleur, de tendresse.

Ces manifestations d'affection sont importantes en elles-mêmes. Mais il est aussi important que votre enfant apprenne à apprécier cette bonne relation avec vous et qu'il fasse son possible pour essayer de la garder et de l'entretenir. Un enfant qui ne ressent pas d'amour dans une relation aura des difficultés à se mettre à la place de quelqu'un d'autre ou à s'identifier à quelqu'un. Un enfant qui est traité régulièrement avec amour et affection essaiera constamment de recevoir cette affection. Il essaiera donc de reconnaître ce que ses parents apprécient et c'est de cette manière qu'il cherchera à savoir ce que les autres trouvent important et à en tenir compte. L'enfant comprendra ainsi mieux le comportement des autres et sa compréhension du monde s'en trouvera facilitée.

A cause du besoin qu'a l'enfant hyperactif de règles strictes et claires, il ne reste souvent plus grand chose des moments de tendresse. Ajoutons à cela qu'un enfant hyperactif, même avec la meilleure volonté du monde, fera malgré tout des erreurs, cassera ou abîmera quelque chose et que les moments de tendresse finiront souvent mal à cause de son comportement débridé.

Heureusement votre enfant aura déjà reçu une bonne dose d'attention positive et d'estime quand vous passerez de «punir et faire des remarques négatives» à «encourager le bon comportement» (voir chapitre 2). Il est cependant très important qu'il y ait chaque jour des moments de calme et d'affection consciemment réservés. Si vous laissez décider le hasard, avec un enfant hyperactif, il y a bien des chances que ces moments n'arrivent jamais ou trop peu souvent. Ce n'est pas de «l'amour sur commande», mais une façon d'être ensemble, de se retrouver chaque jour, calmes (si ça réussit) et tendrement détendus.

J'ai souvent conseillé à des parents d'enfants hyperactifs de passer chaque jour dix minutes seul avec leur enfant, un jour maman, un jour papa. Dix minutes sans reproche ni réprimande et sans personne d'autre dans les environs. Dix minutes pour votre enfant et vous en tête-à-tête. Dix minutes pour un conte ou une histoire, pour raconter comment c'était quand vous étiez petit, pour un jeu, pour cajoler et dorloter. Dix minutes, même si ce fut une *journée pourrie*. Ces dix minutes sont vraiment un remède extraordinaire pour un enfant hyperactif : *faites-le !*

Au début, cela demande un effort particulier d'organisation. Plus tard, cela ira de soi et ce moment de tendresse deviendra une bonne habitude évidente.

10. Exigez un minimum de respect

Le respect, c'est un bien que vous recevez, que vous méritez pour ce que vous êtes et en vertu des valeurs que vous représentez. Il faut que vous puissiez forcer le respect. Si vous tolérez que votre enfant vous traite sans respect, il vous en témoignera de moins en moins. Si vous tolérez que votre enfant vous traite «d'imbécile, con, putain…», si vous tolérez que votre enfant vous frappe, vous humilie…, si vous tolérez que votre enfant vous pince les seins…, si vous tolérez que votre enfant vous rende ridicule en public, alors ce comportement se développera encore et votre autorité de parent s'en trouvera sapée.

Sans respect, sans autorité, vous n'obtiendrez aucun succès avec les directives de ce livre. Sans respect, sans autorité, vous ne mènerez pas à bien l'éducation de votre enfant.

Parfois, je suis vraiment choqué de voir comment certains parents se laissent traiter par leur enfant, que ce soit par laxisme ou avec les meilleures intentions du monde. J'ai souvent «secoué» des parents en leur disant : «Celui qui se laisse traiter de torchon sera traité comme un torchon». Un minimum de respect de la part des enfants est la pierre angulaire de l'éducation et il en va certainement ainsi à propos de l'enfant hyperactif.

Cela ne veut pas dire qu'un enfant ne peut pas lâcher un gros mot lorsqu'il est frustré ou fâché, mais bien que toutes les injures ne peuvent pas être tolérées. Avoir de la compréhension pour sa colère ne veut pas dire accepter n'importe quelle manifestation de celle-ci. Une bonne réaction de la part d'un parent serait : «Je comprends que tu sois fâché, mais je ne veux plus entendre ce mot-là» ou «Je ne puis tolérer ce geste».

Trop de parents d'enfants hyperactifs acceptent un grand manque de respect au nom de la compréhension pour les problèmes de leur enfant. Ce minimum de respect se perd si les parents ne l'exigent pas pour eux-mêmes. Mais parfois, en plus, les parents se sabotent mutuellement. Les parents ne seront pas respectés par leur enfant, si, entre eux, ils ne se respectent pas. Et ce sera certainement le cas s'ils prennent un certain plaisir à voir leur enfant traiter leur partenaire sans respect.

EXEMPLE

- *Le thérapeute :* «Comment réagiriez-vous si, dans le train, vous entendiez un homme traiter votre femme de conne ?»
- *Le père :* «Je lui ferais ravaler ses mots»
- *Le thérapeute :* «Et quand votre fils traite votre femme de conne, vous ne réagissez pas!»

Quand le respect a disparu, il faut parfois des mesures draconiennes pour le retrouver. Le premier pas capital à faire, c'est d'être résolu à exiger ce respect. Vous devez d'abord dire sans aucune ambiguïté les mots et les comportements que vous n'acceptez en aucun cas. Ensuite voyez comment encourager votre enfant quand il réagira avec respect. Et finalement décidez des mesures à prendre quand votre enfant vous traite de nouveau avec un manque total de respect.

Il existe un moyen, qui combiné à l'ATE (voir chapitre 3) est des plus efficaces : la grève des soins journaliers. Vous expliquez à votre enfant par exemple que vous, sa mère, refusez de prendre soin de lui plus longtemps, tant qu'il ne vous montrera pas le minimum de respect que vous attendez de lui (vous expliquez très exactement ce que vous n'acceptez plus de lui à aucun prix). Et ce jusqu'à ce qu'il ait appris à vous respecter en tant que mère. Des excuses verbales sont souhaitables, mais ce n'est pas suffisant : il doit vraiment, pendant un certain temps, se comporter autrement à votre égard.

En attendant, vous cessez de faire pour lui les mille tâches journalières qu'une mère remplit normalement pour son enfant. Vous cessez de lui faire ses repas, de laver ses vêtements, de ranger ses affaires, de faire ses courses. L'autre parent doit encourager cette grève. Par exemple : «Si tu continues à traiter ta mère de cette façon, ne compte pas sur moi pour… et ce jusqu'à ce que je voie que tu la traites comme on doit traiter sa mère.»

11. N'attendez pas de résultats immédiats

De temps en temps, il arrive que des enfants réagissent presque instantanément à la façon de procéder décrite dans ce livre. Mais dans la plupart des cas, vous devrez passer par une période de transition difficile avant d'obtenir des résultats encourageants.

Quand les parents changent leur façon de faire, on voit souvent l'enfant réagir contre ce changement, qu'il essaie de faire échouer. Pour vous, c'est une situation difficile, mais il s'agit d'une réaction normale et saine de la part de votre enfant. Avant qu'un enfant n'accepte un nouveau comportement, il veut l'éprouver par lui-même pour voir si ce comportement lui procurera la sécurité qu'il recherche. Vous devez vous rendre compte qu'il s'agit pour votre enfant d'une nouvelle situation, qu'il s'avance sur une patinoire : il est normal qu'il essaie de voir si la glace tient le coup, en frappant fortement, avant de se mettre à patiner.

En persistant dans votre comportement vous donnez à votre enfant justement ce sentiment de sécurité et de soutien qu'il cherche et auquel il pourra ensuite faire confiance. Vous verrez que ce sera difficile, et même parfois très difficile de suivre mes conseils. Vous découvrirez aussi comme il est difficile pour l'éducateur de changer son propre comportement. *Si déjà pour vous c'est difficile, imaginez la difficulté que cela représente pour un enfant hyperactif de changer de comportement.* Ayez de la patience envers lui et envers vous-même.

Résumé

- Un enfant hyperactif doit recevoir des ordres et des règles très simples, accompagnés de réactions claires, encourageantes et positives. Dans le cas où il ne fait pas ce que vous dites, vous devez mettre au point des conséquences négatives.
- Nous pouvons aider un enfant hyperactif à se concentrer sur l'essentiel en enlevant de son environnement tout ce qui pourrait distraire ou détourner son attention. En d'autres mots, dans un endroit sans excitation, un enfant hyperactif sera plus calme. Ceci est surtout important quand il effectue à la maison ses devoirs scolaires.
- Plus qu'avec d'autres enfants, vous devrez apprendre à anticiper vous-mêmes les situations à problèmes. Soyez conscients qu'une situation qui vous semble habituelle peut pour lui, surtout s'il a un ADHD, être perçue comme «nouvelle» et inhabituelle. Vous devez donc préparer davantage votre enfant à toutes sortes de situations et intervenir dès que quelque chose dérape.
- Les parents ne se rendent souvent pas compte que le frère ou la sœur jette, en cachette, de l'huile sur le feu.
- Soyez conscients qu'un environnement sans excitations et des structures bien définies peuvent être inadéquats pour les frères et sœurs.
- Procurez si possible à votre enfant un refuge où il a le «droit d'asile» et laissez-lui d'autre part assez d'espace pour se défouler.
- Une règle d'or : une étroite collaboration avec l'école! Souvent, c'est une agréable surprise de voir qu'un enfant hyperactif se met soudain à faire des étincelles avec un professeur, alors qu'avec un autre, il était intenable.
- Tout aussi important : la relation parents-professeur! N'attendez pas trop longtemps avant de demander l'aide de l'enseignement spécialisé si ça ne va pas dans l'enseignement ordinaire.
- Réservez chaque jour pour votre enfant un moment d'amour et de tendresse et ne laissez pas les choses à elles-mêmes dans ce domaine. Le mieux est d'introduire ces moments particuliers dans la routine journalière.
- Exigez un minimum de respect. Sans une autorité suffisante et acceptée, il n'est pas possible d'élever un enfant hyperactif.

- Et enfin : n'attendez pas de résultats immédiats. Si vous vous rendez compte combien il est difficile de changer votre propre comportement en tant que parent, pensez combien il est encore plus difficile pour votre enfant d'en changer.

Chapitre 5 *Les enfants hyperactifs ont besoin de parents d'accord entre eux*

1. Il est très difficile d'élever seul un enfant hyperactif

Pour résoudre les problèmes posés par un enfant hyperactif, les parents doivent collaborer très étroitement.

Dans le premier chapitre, j'ai expliqué qu'un grand nombre d'enfants deviennent hyperactifs à cause d'une éducation maladroite ou d'un stress psychosocial. Chez ces enfants «normalement» hyperactifs, la collaboration entre les parents, aussi longtemps qu'ils s'occupent de redresser la situation, doit être parfaite. Après quoi, elle peut redevenir un peu plus lâche et détendue…

Par contre, les parents d'un enfant atteint d'ADHD doivent former en permanence une équipe très soudée : c'est une entreprise lourde et sans relâche que d'amener cet enfant sur la bonne voie et de l'y maintenir. Voilà pourquoi je trouve tellement grave d'entendre dire que les parents sont à l'origine des problèmes de ces enfants. Chacun comprendra, à la lecture du sixième chapitre, que l'éducation d'un enfant atteint d'ADHD est une douloureuse expérience, au point que la famille risque parfois de s'en trouver fissurée. La plupart du temps, les fissures se réparent d'elles-mêmes, dès que les parents reçoivent les conseils adaptés à la prise en charge de leur enfant. Mais il arrive que les problèmes familiaux soient devenus si importants qu'une approche correcte de l'enfant seul ne suffit plus. Les thérapeutes doivent alors être attentifs à la manière dont l'ensemble familial fonctionne. C'est le travail mené dans *une thérapie familiale.*

N'hésitez pas à faire appel à un thérapeute familial si vous avez l'impression que les relations familiales ou conjugales sont influencées négativement par les problèmes de votre enfant.

Élever un enfant hyperactif est une tâche extrêmement pesante pour un parent seul. Les parents d'enfants atteints d'ADHD doivent *d'abord veiller à trouver un soutien social suffisant parmi les adultes de leur entourage.* Beaucoup plus que pour les autres couples de parents, il est d'une importance capitale pour eux qu'ils disposent de quelques voisins, membres de la famille, amis et connaissances, sur qui ils peuvent compter, chez qui ils trouveront toujours un peu de soutien et de compréhension, chez qui ils peuvent de temps en temps parler de leur désillusion, de leur misère et des autres sentiments négatifs vis-à-vis de leur enfant, et enfin chez qui ils peuvent parfois déposer leur sauvageon.

Il existe aussi beaucoup de couples chez lesquels l'un des deux parents élève «seul» l'enfant hyperactif. La plupart du temps, c'est une situation où l'éducation repose entièrement sur les épaules de la mère. On remarque que cela échoue souvent.

Il faut comparer l'éducation d'un enfant hyperactif à un lourd chariot que les parents doivent tirer, et qui, par accident, a quitté la route. Ils sont là dans la boue avec le chariot et ne s'en sortent pas. Les parents ont tout essayé pour ramener le chariot sur la route, mais sans résultat. Bien au contraire, ils ont l'impression que les roues s'enfoncent toujours plus profondément. Avec l'enfant hyperactif, toutes les astuces ménagères, jardinières, culinaires, avec lesquelles ils ont élevé leurs autres enfants, sont inefficaces. Que voit-on alors se produire ? L'un essaie ceci, l'autre n'est pas d'accord et des disputes éclatent entre les parents. Un cheval tire dans un sens, l'autre dans le sens opposé et le chariot reste dans la boue. Vous comprenez que ce n'est pas ainsi que la situation se débloquera.

Lorsque nous sommes confrontés à des familles qui ont un enfant hyperactif, nous mettons entre autres l'accent sur le fait que les parents doivent travailler dans un même esprit. *Ensemble*, ils arrivent habituellement à remettre leur enfant sur une bonne voie.

Dans une famille où il y a un enfant hyperactif, le père devra souvent prendre en charge plus de tâches ménagères et éducatives que de coutume. Parfois, cela occasionne des problèmes, vu les traditions éducatives de notre culture. Non seulement le père n'admet pas de faire un «travail de femme», mais la mère s'accroche à l'idée que ce «travail de femme» appartient à son domaine. Il est primordial de se débarrasser de tels clichés. C'est parfois difficile, surtout au début.

Il arrive que, pour des raisons pratiques, il ne soit réellement pas possible pour les parents d'élever tout à fait ensemble les enfants. Dans ce cas, on remarque la plupart du temps que la tâche éducative repose en grande partie sur les épaules de la mère. En soi ce n'est pas une mauvaise répartition du travail, mais il faut pour cela que plusieurs conditions soient remplies :

1. que les parents se mettent d'accord sur une telle répartition des tâches;

2. qu'ils établissent des conventions claires à ce sujet;

3. que l'accomplissement par un des parents de la tâche éducative soit respectée et soutenue par l'autre ;

4. et surtout : que les deux parents adoptent les mêmes principes quant à la manière d'élever les enfants.

Si les parents conviennent réciproquement que l'éducation d'un enfant hyperactif reposera en grande partie sur les épaules de la mère, il reste trois choses au moins dont la responsabilité revient au père :

1. le père doit soutenir la mère : en la gâtant comme épouse, en valorisant son travail d'éducatrice et en montrant clairement aux enfants qu'il est d'accord avec elle, et qu'il soutient entièrement ses décisions;

2. le père doit être prêt à intervenir de temps à autre, quand la mère l'appelle à l'aide;

3. le père doit assumer de temps en temps la tâche éducative, de manière à ce que la mère puisse souffler et disposer d'un peu de temps pour elle.

Par son soutien, le père peut participer à la réussite de l'éducation d'un enfant hyperactif. S'il n'est pas prêt à jouer ce rôle, il court le risque que son épouse se sente frustrée. Si en plus elle ne peut pas exprimer ce malaise, il est possible qu'elle devienne surmenée ou dépressive. Et cela aggravera encore les problèmes de comportement de l'enfant. A cela s'ajoute le risque que l'enfant reçoive les gifles, en fait destinées au père.

2. Quand père et mère ne sont pas d'accord, ça tourne mal

Quand le père et la mère ne sont pas d'accord à propos de l'approche éducative de leur enfant hyperactif, ils ne réussiront pas à l'élever correctement. Il est peu probable qu'ils parviennent à apprendre à leur enfant le comportement souhaité et à lui désapprendre le comportement non souhaité. Nous ne voulons pas insinuer que les parents doivent former continuellement un ensemble touchant. C'est impossible et ce n'est sans doute pas souhaitable. Mais pour qu'un comportement soit appris ou désappris à un enfant hyperactif, l'unanimité est une condition indispensable.

Quand des parents appliquent différentes règles d'éducation et adoptent des attitudes divergentes, la situation est comparable à un trafic où deux codes de la route seraient en vigueur. Imaginez que vous circulez en rue en voiture ou à vélo, et que l'un des codes dit aux usagers «priorité à gauche», et l'autre «priorité à droite» ou encore «on s'arrête au feu rouge» et «on passe au rouge». Je pense que cela vous rendrait inquiet : les deux codes de la route pris séparément sont en principe aussi bons l'un que l'autre, mais leur application simultanée fait naître une situation très embarrassante et angoissante.

L'éducation devient très problématique quand la relation entre les parents (ou les éducateurs) n'est pas des meilleures, voire franchement mauvaise. Cela devient catastrophique quand ils sapent leur approche réciproque et quand, par exemple, l'un des deux fait alliance avec l'enfant contre l'autre. Cela se produit malheureusement plus souvent qu'on ne le pense. En général les parents n'en ont même pas conscience. Quoi qu'il en soit, c'est toujours une catastrophe pour l'enfant. *Les problèmes graves posés par les enfant ne peuvent être résolus si les parents ne sont pas d'accord sur la manière de les aborder.* C'est logique, car il faut être particulièrement clair sur ce qu'on attend d'un enfant hyperactif. Des approches différentes ont pour conséquences :

1. que l'enfant ne sait pas avec précision ce qu'il peut ou ne peut pas faire;
2. que le comportement non souhaité est tantôt encouragé par un des parents tantôt réprimandé par l'autre. Ce qui contribue à maintenir en place le comportement non souhaité et à le renforcer.

Dans un tel cas, la situation familiale ne cesse de dégénérer : les parents ne se mettent pas d'accord au sujet de l'approche de leur enfant hyperactif; ce qui entraîne l'amplification du comportement non souhaité chez l'enfant; la discordance entre les parents s'accroît; le comportement non souhaité augmente; la relation du couple est menacée; ce qui accentue l'écart de vue entre les parents…

Désaccord grandissant entre les parents
Enfant de plus en plus hyperactif

Figure 11

S'il n'y a pas de concordance dans l'éducation de l'enfant, un «triangle infernal» s'installe peu à peu. Examinons de plus près la situation : il y a conflit entre le père et la mère. L'enfant se trouve dans une situation difficile : il doit choisir entre son père qui dit «noir» et sa mère qui dit «blanc». S'il choisit «blanc», il s'oppose à son père; s'il choisit «noir», il entre en conflit avec sa mère. En d'autres termes, l'enfant se trouve devant un dilemme insoluble.

Le père : « tu peux » ←→ la mère : « tu ne peux pas »
↑ « l'enfant : ? ? ? ? » ↑

Figure 12

De plus, il arrive que l'enfant joue un rôle actif dans le drame familial. Il peut profiter du fait que ses parents n'arrivent plus à s'entendre. Si l'unanimité fait défaut – que ce soit entre les parents ou entre n'importe lesquels des éducateurs, par exemple, l'école et la famille –, l'enfant sera tenté de «diviser pour mieux régner». Soutenu par un des parents, il devient le maître de l'autre. Il obtient ce qu'il veut dans des situations qui lui sont en fait très nuisibles.

Une coalition peut ainsi naître entre l'un des parents et l'enfant. L'autre parent se sent alors sérieusement impuissant. Parfois l'enfant à problème devient une sorte de paratonnerre : quand la tension entre les parents monte trop, il risque de faire une bêtise et l'agressivité ambiante se déversera sur lui.

Quand les choses tournent aussi mal, il est *excessivement important* de bien considérer que *personne n'est la cause exclusive de l'échec :* étant donné que toutes les relations dans une famille s'influencent l'une l'autre, il ne saurait y avoir un seul coupable; *c'est la famille dans son ensemble qui ne fonctionne pas ou plus bien.* Cette remarque vaut d'ailleurs pour n'importe quelle famille et rend irrecevables les reproches tels que : «Oui, mais c'est parce que tu t'occupes de tout» ou «C'est parce que toi tu ne fais rien». Le père estime que le problème vient de la mère, la mère voit dans le père le seul coupable. Même des professionnels se prêtent au jeu : «Oui, avec une mère pareille, un enfant devient évidemment intraitable». Une telle affirmation n'a aucun sens et ne nous fera certainement pas progresser. Si vous ne savez plus que faire, demandez l'aide d'un thérapeute familial.

3. Comment la collaboration entre les parents échoue parfois

Quand la collaboration entre les parents échoue, cela se passe généralement de deux manières :

1. Un des partenaires – souvent le père – ne peut plus supporter le problème et «s'en va». Ce qui ne signifie pas obligatoirement qu'il quitte la maison, mais bien qu'il ne s'investit plus dans la vie familiale; il ne s'en préoccupe plus. La mère comprend cette réaction, mais est en proie à des sentiments contradictoires. Elle aime son mari, mais en même temps elle se sent abandonnée. Elle n'ose pas exprimer cela ouvertement, de peur d'augmenter les disputes. Pourtant, qu'elle le veuille ou non, le malaise se laisse percevoir. Et l'enfant aussi le sent. Cela augmente chez lui le risque de maintenir un comportement à problème.

   Cet éloignement peut aussi surgir après une période de grave conflit entre les parents. Les parents ne réussissent pas à résoudre leur conflit et l'un des deux réagit avec une explication telle que : «Fais ce qu'il te plaira». Comprenez bien ceci : cette situation est tout à fait différente de celle où les parents, dans une grande compréhension mutuelle, décident que ce sera surtout la mère qui s'occupera de l'éducation. Mais ne vous y trompez pas : dans certaines familles, on n'ose pas regarder le conflit en face et, au nom de la paix sacrée, on arrive à cette répartition du travail sans que les deux parents en soient vraiment satisfaits (les conditions énumérées au paragraphe précédent n'ayant pas été respectées).

2. Dans d'autres familles, la relation entre les parents tourne vraiment mal. Ils sont continuellement en désaccord et se disputent sans arrêt. Si la mère est très attachée à son enfant, une mauvaise relation entre le père et l'enfant à problème risque de s'installer. Et les parents vont s'accuser l'un l'autre d'être la cause du problème.

   Dans une famille où il y a un enfant à problème, une polarisation surgit souvent entre les parents. Cela veut dire que les opinions des parents ont tendance à diverger toujours plus. Par exemple, si le père se montre indulgent, la mère pense qu'elle doit être sévère. Plus la mère réagit sévèrement, plus le père veut compenser en étant encore plus indulgent… La discordance croissante a pour conséquence que l'enfant devient toujours plus intraitable, face à quoi la mère se montrera toujours plus sévère et le père indulgent… C'est un cercle vicieux qui se forme, et les parents s'éloignent l'un de l'autre. Les positions se durcissent : le père devient de plus en plus indulgent, la mère de plus en plus sévère, et l'enfant toujours plus intraitable.

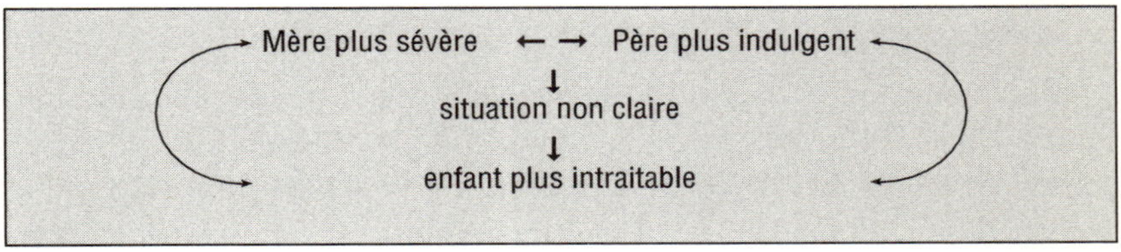

Figure 13

Il est extrêmement important de bien comprendre que personne n'est la cause unique d'une telle dégradation des relations familiales. Retenez bien que chaque relation influence les autres et est influencée par elles. *Personne n'est la cause de ce dysfonctionnement, mais chacun est co-responsable pour qu'il change.* Et pour que cela change, il existe plusieurs possibilités : pour que la mère intervienne un peu moins sévèrement, il faut un rapprochement entre elle et son mari; pour cela, le père devra devenir plus sévère. Réciproquement, si la mère est moins sévère, le père pourra plus facilement s'accorder avec elle et devenir un peu plus sévère.

4. Non seulement les parents, mais tous les adultes importants pour l'enfant doivent collaborer

Dans certaines familles, les grands-parents, des membres de la famille, des voisins et parfois même des frères et sœurs plus âgés jouent un rôle important dans l'éducation de l'enfant à problème. Dans son intérêt, il est capital que tous ces adultes collaborent autant que possible. C'est en suivant les mêmes méthodes, en posant les mêmes exigences, en donnant les mêmes encouragements et punitions, qu'ils aideront l'enfant. Plus l'approche est concordante, mieux cela vaudra ! N'hésitez pas à rencontrer tous ces gens. Si nécessaire, donnez-leur ce livre.

Exemple

Les parents de Joël (15 ans) m'ont appelé à l'aide, parce que Joël devenait de plus en plus désobéissant et qu'il venait de voler pour la troisième fois. La dernière fois, il s'était glissé de nuit dans la chambre de ses parents et avait pris le portefeuille de son père. Quand la famille s'est trouvée dans mon cabinet, je ne suis pas parvenu à comprendre comment ces parents concernés, compétents, pleins d'amour, résolus et unanimes, ne réussissaient pas à maintenir le comportement de leur fils dans des limites correctes. Au cours de cette première conversation, j'ai appris que la grand-mère habitait à la maison.

J'ai invité toute la famille au second entretien, avec la grand-mère. Pour mieux comprendre ce qui s'était passé, j'ai demandé à Joël de représenter par un jeu de rôles comment il avait pris le portefeuille de son père. Il entra tout à fait dans le jeu et montra comment il s'était introduit dans la chambre, s'était dirigé sur la pointe des pieds vers le presse-pantalon, avait subtilisé le portefeuille dans la poche du pantalon de son père, était sorti de la chambre, s'y était introduit de nouveau…

Joël riait nerveusement, tandis qu'il était occupé à son jeu de rôles. Ses parents observaient, très graves et soucieux. Et sa grand-mère, resplendissante et fière, regardait son petit-fils et semblait dire : «Regardez-moi ce petit homme !». Je fis sortir tous les enfants et, avec les adultes, j'ai discuté du rôle de la grand-mère dans la famille. En ma présence, les parents ont pu raconter qu'ils ne se sentaient absolument pas soutenus par la grand-mère; au contraire, ils avaient le sentiment qu'elle leur coupait l'herbe sous les pieds. La grand-mère soutenait Joël contre eux, parce qu'il ressemblait à son mari décédé.

Après quoi, je mis en route une meilleure concertation entre les parents de Joël et sa grand-mère. J'insistai sur le fait que le problème ne serait résolu que quand tous les adultes collaboreraient. Quand la grand-mère se mit sur la même longueur d'ondes que les parents, le problème de comportement de Joël disparut.

Surtout si d'autres adultes habitent sous le même toit ou s'occupent de votre enfant pendant que vous travaillez, veillez à ce qu'ils collaborent. Si de graves difficultés devaient surgir sur ce point, par exemple avec les grands-parents, ce peut être une raison suffisante pour demander l'avis d'un thérapeute familial. Vous pourrez chercher avec lui la meilleure manière pour que toutes ces personnes travaillent ensemble. Si nécessaire, n'hésitez pas à les emmener à votre rendez-vous avec le thérapeute.

5. Prenez bien soin de vous et de votre relation avec votre conjoint

L'éducation d'un enfant hyperactif et surtout d'un enfant ADHD représente tout un travail. Le danger existe que vous vous en occupiez *trop* ! Votre enfant hyperactif a besoin de votre aide, mais il ne peut exiger toute votre attention pour lui seul. Vous devez régulièrement libérer du temps pour vous-même, pour faire quelque chose d'agréable seul, en couple ou avec le reste de la famille. *Il est important pour votre enfant que vous preniez bien soin de vous.* Donc, veillez à respecter autant que possible le temps réservé à vos loisirs, vos amis, votre famille.

Trop de familles avec un enfant hyperactif se retrouvent isolées. Gardez le contact avec les amis et connaissances. N'ayez pas peur de leur raconter que votre enfant est un enfant différent. N'en faites pas un secret ! Il est important que suffisamment de gens connaissent le problème, des gens avec qui vous pouvez parler, à qui vous pouvez faire appel si vous avez besoin d'aide – pour vous-même ou pour veiller sur votre enfant de temps à autre –, chez qui vous pouvez simplement aller pleurer un peu. Si vous essayez de cacher à tout le monde le problème de votre enfant… si à cause de lui, vous n'osez plus aller en visite nulle part, vous ne trouverez à la longue plus personne pour s'en occuper quand vous-même devrez vous absenter.

Prenez surtout soin de la relation avec votre conjoint. Le désaccord et la dispute surgissent facilement autour de l'éducation d'un enfant hyperactif. Ce conflit n'est pas grave en soi si vous arrivez à une solution et à des accords précis. Il est important que les parents d'un enfant hyperactif puissent sortir ensemble régulièrement sans les enfants : engagez une babysitter compétente et allez au restaurant, au cinéma, voir des amis… Je ne comprends d'ailleurs pas pourquoi des parents d'enfants hyperactifs qui habitent le même quartier ne babysittent pas régulièrement les uns pour les autres. Organisez cela dans votre région lors d'une réunion de parents et vous aurez toujours une garde expérimentée.

Sincèrement, si en tant que parent vous vous occupez exclusivement de votre enfant, vous êtes sur la mauvaise voie. Cela peut être nécessaire pendant une courte période, quelques mois s'il le faut, pour remettre les pendules à l'heure, mais après cela toute la famille doit recommencer à mener une vie sociale aussi normale et ordinaire que possible.

6. *Tenir est important mais rechuter est normal*

Beaucoup de parents qui ont demandé notre aide avaient déjà plus ou moins découvert la bonne façon de s'y prendre avec leur enfant et développé pas mal d'idées excellentes et créatives, mais ils n'ont pas persévéré assez longtemps. La constance des éducateurs est aussi nécessaire que toutes les idées contenues dans ce livre. N'espérez pas un résultat miraculeux en quelques jours !

L'approche que nous proposons ici n'est pas un moyen infaillible. Même si vous réussissez à devenir l'équipe soudée de parents dont un enfant hyperactif a besoin, il y aura toujours des périodes où tout ira mal, où le comportement de votre enfant dépassera les bornes, où vous-même, aussi bien que votre enfant, retomberez dans l'ancien comportement et les vieux problèmes. Ne vous sentez surtout pas coupable, même si vous remarquez que cela dépend en partie de vous – si, par exemple, vous avez le sentiment d'avoir relâché les choses malgré les bonnes résolutions. C'est tout à fait normal, c'est même parfois une bonne chose.

C'est ainsi que les parents d'un enfant hyperactif découvrent parfois spontanément qu'ils peuvent lâcher du lest, que leur enfant est arrivé à mieux se structurer et qu'il ne doit plus être élevé de manière très stricte. Chez d'autres enfants hyperactifs, au contraire, vous remarquerez que vous ne pouvez vraiment pas assouplir les méthodes éducatives et que vous devez continuer à élever votre enfant de façon très structurée. C'est difficile, mais vous devez alors tenir bon.

Si un thérapeute vous a remis en bonne voie, ne soyez pas trop inquiet ou trop fier pour hésiter à le revoir si les choses tournent mal à nouveau. Certains parents pensent : «Cela allait si bien la dernière fois que nous sommes allés voir le thérapeute familial. Que pensera-t-il de nous s'il remarque que tout va de nouveau de travers ?» Ne laissez pas une telle pensée vous empêcher de demander à temps un avis professionnel. Les problèmes rencontrés avec un enfant hyperactif ont malheureusement tendance à former une spirale négative. Les parents sont chaque fois surpris de voir à quelle vitesse une boule de neige devient une avalanche chez un enfant hyperactif.

Les thérapeutes qui ont l'expérience d'enfants hyperactifs et d'enfants ADHD sont conscients d'au moins trois choses :

1. qu'il est très difficile de tenir bon dans l'approche de ce genre d'enfant à problèmes ;

2. que même avec la meilleure approche, de graves problèmes surgissent de temps à autre et que la situation nous échappe;
3. que chaque nouvelle étape du développement de cet enfant amène de nouveaux problèmes. Si par exemple vous avez très bien réussi à piloter votre enfant dans ses difficultés à l'école primaire, vous pourriez vous trouver face à des problèmes imprévus à l'adolescence.

Si cela se passe mal, et que vous, parents, n'en sortez pas ensemble, n'attendez pas trop longtemps avant de demander conseil à un thérapeute qui a l'expérience du travail avec les parents et les familles d'enfants hyperactifs. Ou faites appel à un groupe de parents [1].

Dans votre voisinage, habitent pas mal de parents qui ont trouvé des solutions à ce genre de problèmes. Les parents d'enfants ADHD ont montré qu'ils s'entraidaient très bien. Il ne faut pas être gêné de frapper à leur porte : ils connaissent mieux que quiconque ce qu'est un enfant hyperactif et quels sentiments habitent ses parents. S'ils ne peuvent pas vous aider directement, ils vous diront où et avec qui ils ont eu de bonnes expériences d'aide et de thérapie.

Ne vous sentez pas coupable si votre enfant vous semble parfois «de trop». Ni s'il vous arrive de penser : «Ce sale gosse, je voudrais qu'il ne soit jamais né!». C'est une réaction normale. Vous serez de temps en temps submergé par vos sentiments envers lui. Régulièrement, cette question reviendra : «Pourquoi cela devait-il m'arriver à moi ?». Un enfant gravement hyperactif n'est certainement pas l'enfant dont on avait rêvé. Un sentiment de déception est très normal de temps à autre. Ne vous en défendez pas! Les sentiments ne sont ni bons ni mauvais. Ce qui est plus important, est ce que vous en faites. Ne laissez pas ces sentiments négatifs et contradictoires vous paralyser ou vous abattre. Ne vous en sentez surtout pas coupable.

Résumé

Pour bien élever un enfant hyperactif, les deux parents doivent collaborer et se partager la tâche éducative. Un parent seul (habituellement la mère) pourrait à la limite faire le travail. Mais dans ce cas, elle doit être réellement soutenue par le père. Si le père et la mère – et les autres adultes

1. Comme on l'a vu précédemment, cette suggestion concerne les groupes de parents d'enfants hyperactifs, qui existent déjà dans des régions des Pays-Bas et en Belgique néerlandophone. Malheureusement, nous n'en avons repéré qu'un seul, le groupe «Appuis» à Bruxelles (N.D.T.).

importants pour l'enfant – ne sont pas d'accord sur la manière de travailler, ils ne réussiront jamais à bien élever et à prendre en charge un enfant hyperactif.

Sans accord surgit une relation triangulaire qui aggrave le problème. Personne n'est la cause unique du dysfonctionnement familial. Les relations familiales s'influencent l'une l'autre, il n'y a pas un responsable unique, mais c'est la famille dans son ensemble qui ne fonctionne probablement pas bien.

Un thérapeute familial peut aider à dépister les nœuds et les blocages, puis à remettre de l'ordre entre les personnes concernées.

Enfin, prenez bien soin de vous-même et de votre relation conjugale. Veillez à ne pas vous retrouver socialement isolé. Ne vous sentez pas coupable si de temps à autre cela rate à nouveau avec votre enfant, et si vous en avez plus qu'assez de ce «sale gosse».

Chapitre 6 *Les enfants ADHD ou porteurs du syndrome hyperkinétique*

1. Un peu de vocabulaire : ADHD, MBD ou syndrome hyperkinétique

Dans les chapitres précédents, nous avons parlé quelquefois d'enfants atteints d'ADHD. Vous aurez déjà compris que ces enfants peuvent susciter des difficultés bien plus sérieuses que la plupart des enfants hyperactifs. Dans ce chapitre, nous étudierons plus en profondeur la problématique de ces enfants. Le syndrome ADHD est un phénomène assez fréquent. Pourtant, comme les critères de diagnostic varient d'un examinateur à l'autre, d'une recherche à l'autre, le pourcentage estimé d'enfants ADHD dans une population scolaire normale varie également. On pense que 1,5 % à 5 % des garçons présentent ce type de problème, tandis que les filles seraient atteintes 10 à 20 fois moins. Même si votre enfant n'a pas d'ADHD ou si vous n'en êtes pas sûr, il peut être intéressant de lire ce chapitre. Vous y découvrirez peut-être certaines choses auxquelles vous n'aviez jamais attaché d'importance auparavant.

Dans ce livre, nous nous limitons aux problèmes en rapport direct avec l'hyperactivité et aux informations qui peuvent vous être utiles pour déceler si votre enfant est atteint d'ADHD. Nous n'entrerons pas dans les détails à propos de la prise en charge de ce problème par les spécialistes. Cette seule question suffirait à faire l'objet d'un second livre.

Comme vous l'aurez peut-être constaté, nous avons utilisé jusqu'à présent les termes suivants de façon équivalente :

- ADHD («Attention Deficit with Hyperactivity Disorder» : trouble déficitaire de l'attention et hyperactivité). Ce terme met l'accent sur le noyau de la question : les troubles de l'attention et de la concentration.
- Syndrome hyperkinétique : ce terme est un peu moins technique (moins fréquemment utilisé par les spécialistes), mais il est parlant pour l'entourage de l'enfant, car il évoque bien le symptôme le plus frappant et le plus ennuyeux qui touche ces enfants : une «super-hyper-activité».

Par contre, nous n'avons pas utilisé le terme «MBD» (Minimal Brain Damage or Dysfunction), très peu utilisé de nos jours.

2. Les caractéristiques du syndrome ADHD

Les psychiatres des États-Unis se rassemblent régulièrement pour établir une sorte de catalogue de tous les problèmes psychiatriques. Cette liste de syndromes avec leur description s'appelle DSM (Diagnostic and Statistic Manual of Mental Disorders). Les critères de diagnostic du symptôme ADHD établis dans la quatrième édition du DSM sont les suivants :

A. SYMPTÔMES D'INATTENTION - DIFFICULTÉ DE CONCENTRATION. Il en faut au moins 6 dans la liste qui suit, et qui persistent pendant une période de 6 mois minimum :

1. L'enfant ne parvient pas à porter d'attention soutenue aux détails ou fait des fautes d'inattention dans ses tâches scolaires et autres.

2. L'enfant éprouve des difficultés à soutenir son attention dans les tâches qu'il effectue ou dans des jeux.

3. L'enfant semble ne pas écouter quand on s'adresse à lui.

4. L'enfant ne parvient pas à suivre les consignes données; il termine difficilement un travail (scolaire ou autre) commencé, et ce sans volonté d'opposition ni par manque d'intelligence.

5. L'enfant organise ses activités avec difficulté.

6. L'enfant évite ou déteste les tâches qui exigent un effort mental soutenu.

7. L'enfant est facilement distrait par des stimuli externes.

8. L'enfant fait de fréquents oublis.

B. SYMPTÔMES D'HYPERACTIVITÉ - IMPULSIVITÉ. Il en faut au moins 6 dans la liste qui suit, et qui persistent pendant une période de 6 mois minimum :

1. Hyperactivité

- L'enfant ne reste pas en place ; il gigote sans arrêt.
- L'enfant ne reste pas assis là où il devrait.
- L'enfant court, grimpe... quand il ne faut pas.
- L'enfant est incapable de s'engager calmement dans des jeux et des activités de loisir.
- L'enfant est souvent «en route», comme s'il était perpétuellement animé par un puissant moteur.
- L'enfant est souvent très bavard.

2. Impulsivité

- L'enfant lance souvent une réponse avant d'écouter la question entière.
- L'enfant éprouve souvent des difficultés à attendre que son tour arrive.
- L'enfant interrompt souvent les autres ou fait intrusion dans leurs activités.

C. Certains de ces symptômes doivent s'être installés avant l'âge de sept ans [1].

---

1. L'existence du critère C ne signifie pas que le diagnostic soit toujours posé chez l'enfant tout jeune. Il arrive que je pose le premier diagnostic d'ADHD chez des enfants de 12 à 14 ans, chez qui on n'avait pas pensé à l'ADHD auparavant, parce qu'ils avaient relativement bien «fonctionné» jusqu'à cet âge. Ce sont pratiquement toujours des enfants plus intelligents que la moyenne, avec une personnalité assez saine et qui vivent dans des familles tout à fait normales. Ils se sentent souvent agités, mais ne sont pas extrêmement hyperactifs. Ils donnent l'impression d'avoir, depuis toutes ces années, compensé leurs difficultés d'apprentissage et d'attention grâce à leur bonne intelligence, à une grande motivation, et à un excellent soutien et encadrement familial.

Ils repoussent ainsi l'apparition du problème jusqu'à ce qu'ils se heurtent à des exigences scolaires d'un certain niveau, qu'ils ne sont plus capables d'appréhender. Ils développent alors une hantise de l'échec (scolaire notamment), un comportement de fuite et souvent aussi des réactions agressives et dépressives.

Quand nous constatons qu'un jeune, vivant dans une famille sans problèmes particuliers, se met soudainement à dysfonctionner sur un mode agité – alors qu'aucun changement radical n'est survenu dans son environnement –, nous veillons à faire des examens plus poussés. En effet, toutes sortes de perturbations sont susceptibles de se passer en lui, ce qui nécessite certainement un examen de sa vie affective (tests et discussions). Mais il se pourrait aussi qu'un syndrome hyperkinétique masqué jusqu'alors se mette à décompenser, par exemple parce que les exigences et le stress scolaire augmentent. Il est donc également nécessaire de réaliser un examen neuropsychologique approfondi, où nous envisageons la possibilité d'un trouble de l'apprentissage ou d'un trouble de l'attention ou de la concentration et de l'attention.

D. Certains de ces symptômes et les inconvénients sociaux qu'ils entraînent doivent se manifester au moins dans deux endroits de vie de l'enfant (par exemple, en classe et à la maison).

E. Les symptômes ne sont pas provoqués par un désordre psychiatrique connu (par exemple, troubles de l'humeur, angoisse, psychose).

Les caractéristiques «officielles» du syndrome ADHD énumérées ci-dessus ont un grand inconvénient : elles sont établies comme si seuls les enfants pouvaient souffrir d'ADHD. C'est pourquoi les psychiatres ne pensent pratiquement jamais à cette possibilité chez des jeunes – et moins jeunes – adultes. Pourtant ces dernières années nous avons été envahis par des demandes d'examen et de traitement pour des jeunes adultes. Ces examens ont souvent révélé qu'ils souffraient d'un syndrome ADHD non repéré auparavant. Il existe aussi des cas où, en traitant un enfant ADHD, nous découvrons qu'un de ses parents a le même problème.

3. Les nombreux problèmes des enfants atteints d'ADHD

Sur base des critères énumérés dans le paragraphe précédent, il est possible de dépister un ADHD discret ou d'intensité moyenne chez un enfant. Pourtant d'après notre travail psychiatrique auprès d'enfants et d'adolescents ADHD, il semble que leur problématique est la plupart du temps plus difficile et plus compliquée : en effet la majorité d'entre eux ne présente pas seulement quelques-uns des symptômes cités plus haut, mais bien tous ces symptômes.

De plus, outre les difficultés dues à leur hyperactivité, à leur impulsivité et au manque de concentration, on trouve la plupart du temps des problèmes annexes, tels que des troubles de la motricité, des problèmes émotionnels, des troubles de l'apprentissage et du sommeil, des problèmes relationnels et des troubles de comportement. Je me propose donc de faire une description détaillée de *tous ces symptômes :*

Hyperactivité

La plupart des enfants ADHD sont hyperactifs. Cela provoque souvent de graves problèmes : ils ne sont jamais tranquilles (cent fois par jour leurs parents doivent leur crier «Reste tranquille!»). Ils n'arrêtent pas de galoper, ils s'occupent rarement longtemps et paisiblement à une activité… Quand ils font réellement des efforts pour se tenir tranquille sur une chaise, tout s'agite encore : les doigts, les pieds, le visage… On devient nerveux rien qu'à les regarder.

Chez des enfants plus âgés, qui ont appris avec beaucoup de peine à dominer leur hyperactivité, l'agitation «maîtrisée» est frappante. Ces enfants paraissent calmes, mais si on les observe de près ou si on apprend à mieux les connaître, on remarque qu'ils ne sont que rarement ou même jamais vraiment détendus. Il s'agit d'une tension contrôlée, ce qui est tout autre chose que de la détente !

Des parents qui font la comparaison avec leurs autres enfants, racontent souvent que leur enfant ADHD était déjà très remuant pendant la grossesse et la toute petite enfance : «Il remuait déjà tellement dans mon ventre, que j'en ai eu des *bleus* dans les côtes»; «Il n'était jamais tranquille une seconde dans mes bras»; «Il se balançait tellement dans son berceau, que le berceau se renversait. C'était le début d'une longue série d'incidents et d'accidents.»

Beaucoup de familles réussissent cependant à s'adapter à leur petit poulain impétueux. Par contre pour un enseignant qui se trouve toute la journée devant vingt-cinq enfants, ce n'est pas si simple. Certainement pas lorsque le calme et la discipline deviennent indispensables. *Alors que cela se passait encore assez bien à la maison et en maternelle, les problèmes surgissent généralement en première année primaire.*

Il y a aussi des enfants ADHD qui ne gambadent pas sans arrêt. Chez eux, vous constatez en y regardant bien que le calme leur demande une grande tension : ils ne sont pas simplement *détendus*, mais ils se retiennent plutôt de façon tendue. D'autres encore sont agités sans raison de petits mouvements impulsifs : ils sont continuellement occupés à manipuler, à triturer ou à démonter quelque chose. Certains enfants plus âgés racontent que leurs pensées aussi sont «hyperactives»; qu'ils passent continuellement du coq à l'âne sans lien logique.

Certains enfants ADHD sont hyperactifs pratiquement en permanence, en toutes circonstances. D'autres peuvent se tenir tranquilles pendant un petit temps, même quelques jours de suite, dans une situation bien structurée, par exemple avec un professeur sévère, ou pendant une leçon de mathématiques. Ils ne deviennent hyperactifs que dans des situations moins structurées, comme en récréation, dans la rue, ou pendant les cours de travaux manuels, ce qui a pour conséquence que des médecins ou d'autres thérapeutes se laissent souvent induire en erreur. Ils pensent que tout va bien parce que l'enfant se tient tranquille pendant leur examen.

Troubles de l'attention et de la concentration

Tous les enfants ADHD ont de grandes difficultés à fixer leur attention sur un seul sujet, à se concentrer. Ils sont toujours attirés par ce qui les entoure, se détournant de ce à quoi ils sont occupés. Ils sont vite distraits, peuvent difficilement se tenir à une seule chose (leur jeu, leurs devoirs, un travail…). Certains enfants n'arrivent même pas à fixer leur pensée à un seul sujet, sans que ce soit dû à de la distraction. Une mère appelait cela très correctement «l'hyperactivité de l'esprit».

Ces difficultés d'attention, surtout à l'école, font des enfants ADHD des «enquiquineurs». Les enseignants se plaignent souvent de ces enfants : «Ils ne font jamais attention»; «Ils sont souvent distraits»; «Ils rêvassent»; «Ils sont toujours dissipés». Ces problèmes de concentration sont souvent aggravés quand un enfant ADHD a en plus des difficultés à distinguer ce qui est important de ce qui ne l'est pas (voir plus loin les *troubles de l'apprentissage*).

Dans la majorité des situations, les enfants ADHD peuvent difficilement se concentrer sur une tâche particulière. Mais paradoxalement lorsque quelque chose absorbe leur attention, il est parfois très difficile de les en détourner. En ce qui concerne leur attention et leur concentration, on dirait qu'il s'agit de tout ou rien, (mais malheureusement le plus souvent de *rien*).

L'inattention et le manque de concentration sont des éléments très importants du trouble déficitaire de l'attention. D'après un nombre croissant de chercheurs, les troubles de l'attention et de la concentration forment le noyau du syndrome ADHD. Il est dès lors intéressant de savoir que les médicaments qui agissent le mieux sur ces enfants améliorent surtout l'attention et la concentration.

Impulsivité

Certains enfants ADHD peuvent difficilement faire des projets ou prévoir les conséquences de leurs actes. Ils agissent de manière irréfléchie, impulsive. Ils font quelque chose dès que cela leur passe par la tête : traverser soudainement la rue, sauter de la plus haute marche de l'escalier, répondre tout haut en classe sans demander la parole… Cette impulsivité peut être la conséquence du fait que beaucoup d'entre eux ne parviennent pas à penser de manière séquentielle (c'est-à-dire par petites étapes) ni à distinguer l'essentiel de l'accessoire.

D'après certains chercheurs, l'impulsivité est la conséquence d'un tout petit défaut dans la partie du cerveau dont le rôle est de freiner, d'amortir (*inhiber*, dans le langage professionnel) les activités. Ce défaut est réellement minime, mais suffisant pour que les freins d'un enfant ADHD ne fonctionnent pas à temps ; c'est littéralement un enfant *sans frein*. La plupart du temps, il agit sans avoir d'abord pesé le pour et le contre ni étudié les conséquences de ce qu'il entreprend.

Troubles moteurs : maladresse

La manière dont les enfants ADHD utilisent leurs muscles est souvent mal organisée. Ils bougent maladroitement. Pour produire une action avec soin, tous nos muscles doivent être coordonnés. Imaginez par exemple le nombre de muscles qui interviennent dans les pieds, les jambes, les hanches, le dos et même le cou et les bras, quand nous courons sans trébucher ni tomber. Beaucoup de muscles et de groupes musculaires différents doivent se coordonner avec une extrême précision pour nous permettre de rouler à vélo, écrire, nouer des lacets… *Chez les enfants ADHD, les muscles pris isolément fonctionnent très bien, mais il manque quelque chose au niveau de leur coordination. Voilà pourquoi les enfants ADHD bougent souvent très maladroitement.*

Parfois la défaillance se situe principalement dans la coordination des grands muscles, par exemple des bras et des jambes (ce que l'on appelle *motricité globale*). D'autre fois, le dysfonctionnement réside dans la coordination des petits muscles, par exemple ceux des doigts (ce que l'on appelle *motricité fine*). Dans d'autres cas encore, le défaut se retrouve aux deux niveaux. Vous ne devez pas oublier que la coordination musculaire est dirigée par le cerveau : il donne ses ordres aux muscles et veille à ce qu'ils se coordonnent.

Pour bien utiliser nos muscles, il faut aussi une bonne collaboration entre les sens (par exemple les yeux) et les muscles. Chez certains enfants ADHD les muscles sont en ordre, les sens fonctionnent bien, mais quelque chose défaille au niveau de la collaboration entre les sens et les muscles.

Les problèmes à ce niveau peuvent être examinés et traités par un ergothérapeute ou un thérapeute psychomotricien.

Troubles du conditionnement et de l'apprentissage

Lors du traitement d'enfants atteints de syndrome ADHD, j'ai souvent été frappé par le fait qu'ils apprenaient un nouveau comportement ou en désapprenaient un ancien beaucoup plus difficilement que les autres enfants, quel que soit le niveau de leur intelligence. Pour une minorité d'entre eux, l'apprentissage et le désapprentissage semblent extrêmement difficiles, même dans les meilleures circonstances et avec la plus grande implication possible des parents et des éducateurs. Il est fort probable que les problèmes d'attention et de concentration contribuent à une telle difficulté. Mais plus généralement on peut dire qu'ils sont nettement moins «conditionnables» que la moyenne des enfants. J'entends par là qu'ils peuvent difficilement apprendre ou désapprendre quelque chose, et cela même lorsqu'une récompense ou une punition théoriquement adéquates suivent immédiatement le comportement. Selon un nombre croissant de chercheurs, il s'agit là d'un déficit *fondamental* et il serait à l'œuvre chez beaucoup plus d'enfants ADHD qu'on ne le pensait avant.

EXEMPLE

Bien que la mère de Julie lui a déjà souvent dit : «Éloigne-toi du poêle! Ca brûle!», Julie y revenait toujours. Elle touchait le poêle, reculait d'un bond et se mettait à pleurer.

Si un enfant ordinaire se fait mal une fois ou deux au contact d'un poêle brûlant, la fois suivante il se tiendra à l'écart de ce «méchant poêle». L'enfant apprend rapidement par les conséquences de son comportement ce qui va et ce qui ne va pas, ce qu'il peut et ne peut pas. Certains enfants ADHD peuvent se brûler trente fois les doigts, au propre comme au figuré, avant d'avoir retenu la leçon. Si un enfant ordinaire est récompensé à quelques reprises pour un comportement déterminé, il y a de grandes chances qu'il reproduise plus souvent ce comportement par la suite. Chez les enfants ADHD, les parents doivent encourager le comportement souhaité au moins trente fois plus, avant qu'il soit assimilé correctement. Ils doivent aussi punir trente fois plus souvent et immédiatement, avant qu'un comportement non souhaité ne disparaisse.

Chez la majorité des enfants ADHD, cette difficulté peut finir par se résoudre ou se canaliser jusqu'à un certain point, en aidant les parents à mettre en route une éducation très claire et très structurée. Il est pratiquement toujours nécessaire que les parents posent leurs exigences noir sur blanc et qu'ils y attachent des récompenses ou des punitions univoques. De façon complémentaire, les médicaments semblent avoir un effet positif eux aussi : ils rendent l'enfant plus capable d'apprendre et plus apte à être conditionné.

Malheureusement, cela ne vaut pas pour tous les enfants ADHD. Chez certains d'entre eux, qui sont sévèrement atteints, la médication n'a qu'un effet limité, voire nul. Ce sont eux qui sont particulièrement difficiles à conditionner, même si les parents s'investissent au maximum ou si l'enfant ADHD est hébergé dans une institution où l'on travaille de manière très structurée. Cela peut sembler cynique ou désabusé, mais quand on constate qu'une éducation ordinaire ne suffit pas, il faut «driller» ces enfants; malheureusement «driller» ne réussit pas mieux.

Une des conséquences les plus importantes de cette incapacité au conditionnement est un défaut de formation de la conscience, ce qui risque d'amener petit à petit des comportements délinquants très difficiles à corriger. Les enfants de ce groupe risquent donc le plus de se retrouver chez les thérapeutes parmi les pré-adolescents et adolescents «à problèmes». Chez les thérapeutes... ou chez les magistrats. En effet leurs problèmes peuvent être très graves, souvent dans le champ de la délinquance et, étant donné que ces problèmes sont très visibles et préoccupants, les troubles de l'attention et de la concentration passent presque inaperçus.

Troubles de l'apprentissage : troubles du traitement de l'information

Par *troubles du traitement de l'information,* nous entendons le fait que certains enfants ADHD ont *des difficultés pour assimiler ce qu'ils voient, entendent et sentent.* Leurs sens sont en général bien développés (les yeux, les oreilles, l'équilibre, la sensibilité de la peau et des muscles...), mais il manque quelque chose pour que l'information qu'ils envoient (la lumière, les sons, le toucher...) soit bien traitée. On pourrait écrire tout un livre sur ces troubles et sur la façon de les aborder. Je me limite ici à répondre aux questions que les parents me posent le plus fréquemment.

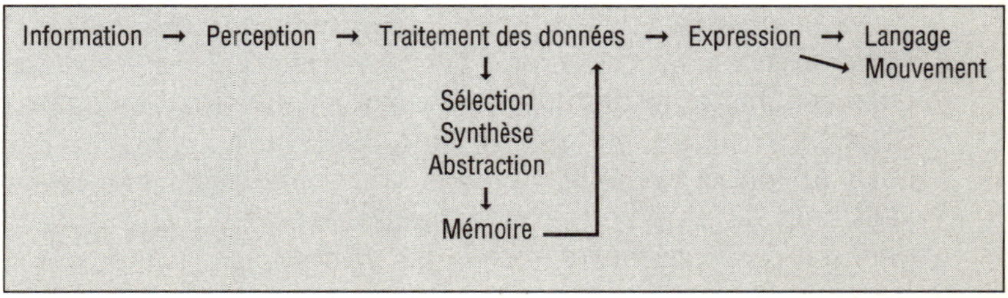

Figure 14

Pour devenir un message sensé, l'information perçue par les sens, doit être traitée correctement. Chez un enfant atteint d'ADHD, il peut exister des dysfonctionnements à différentes étapes du processus. Notons aussi que ces troubles peuvent se présenter isolément, sans hyperactivité ni impulsivité, chez d'autres enfants que ceux qui nous occupent pour le moment.

TROUBLES DE LA PERCEPTION

Si quelque chose fonctionne de travers au niveau de l'observation, de l'enregistrement, nous parlons *de troubles de la perception ou de l'enregistrement*. Les sens proprement dits sont généralement en ordre chez un enfant ADHD. La panne se trouve au niveau de la manière dont l'information est traitée.

Troubles de la perception visuelle

Un groupe important de troubles de la perception est constitué par les troubles de la perception visuelle. L'œil voit correctement, mais le cerveau a des difficultés à traiter correctement ce qui est vu.

EXEMPLE

- *Le cerveau ne parvient pas à bien distinguer la gauche et la droite ou le haut et le bas. C'est ainsi que pour l'enfant il y a peu de différences entre un d et un b. C'est ce qu'on appelle des troubles de la discrimination visuelle.*
- *Le cerveau apprécie difficilement la profondeur de champ, ce qui conduit l'enfant à mal évaluer ses distances, à se cogner partout, à verser à côté du verre, à renverser sans cesse...*
- *Il arrive assez souvent que l'enfant ADHD ait des difficultés à détacher dans ce qu'il voit le sujet du fond, la partie du tout, l'important de l'accessoire. Plus concrètement, il ne parvient pas à distinguer les arbres de la forêt. Si vous n'éprouvez pas de difficultés à lire ce qui est écrit sur cette page, c'est parce que vous isolez chaque mot (c'est-à-dire l'important, le sujet) de tous les autres (devenus accessoires) ; et à l'intérieur du mot vous distinguez chaque lettre de toutes les autres. Vous répétez l'opération de lettre en lettre; de mot en mot; de phrase en phrase... Prenons un autre exemple : lorsque vous conduisez, vous repérez sans trop de problèmes le feu rouge (important) parmi tout ce qu'il y a à voir autour de vous : les affiches, les vitrines, les maisons, les autos... (à ce moment, accessoires).*

Or, un enfant ADHD peut éprouver d'énormes difficultés pour réaliser de telles opérations. Pour lui, le monde est comme quand vous roulez de nuit sous la pluie, dans une rue inconnue, pleine de lumières et de néons publicitaires. Dans une telle situation vous pouvez, vous aussi, avoir de gros problèmes pour distinguer les feux de signalisation parmi toutes les autres lumières et il se peut que vous constatiez trop tard que vous n'avez pas «vu» les feux. En fait, vous les avez bien vus, mais vous ne les avez pas distingués à temps; vous ne les avez pas isolés pour les enregistrer parmi toutes les autres lumières et lueurs.

Certains enfants ADHD éprouvent ce problème en permanence, jour et nuit. Il y a continuellement «quelque chose qu'ils n'ont pas vu», parce qu'ils n'ont pas pu le distinguer de tout ce qu'il y avait à voir et à entendre. Même à des enfants ADHD très intelligents, il peut arriver qu'ils n'aient «pas vu» quelque chose et qu'ainsi ils posent des actes stupides.

Vous pouvez imaginer comme tout devient compliqué pour ces enfants; combien il doit être difficile de se déplacer en sécurité dans la circulation, quand régulièrement ils «ne voient pas quelque chose», parce qu'il y a beaucoup trop à voir; combien il peut être difficile en classe d'apprendre à lire quand ils ne parviennent pas à distinguer un mot parmi tous les autres inscrits sur la page ou au tableau!

Troubles de la perception auditive

Pour le traitement des sons également, un enfant ADHD peut avoir beaucoup de difficultés à distinguer des sonorités proches, que ce soit au niveau des lettres (par exemple le *b* du *p* ou le *d* du *t*) ou des mots (*pain / bain; doigt / toit*...). Ces problèmes sont appelés *troubles de la discrimination auditive.*

Ici aussi, ce peut être un problème pour un enfant ADHD de distinguer le sujet du fond. Pour mieux comprendre ce problème, imaginez-vous avec un ami dans un café rempli de monde. Il y a de la musique et au moins trente personnes parlent autour de vous. Pourtant vous arrivez à isoler ce que dit votre ami (l'*important*, le *sujet*) de tout le bruit de fond (l'*accessoire*). Pour vous, cela paraît naturel, mais certains enfants ADHD devront se concentrer dix à cent fois plus que vous ne le faites. Pour un enfant souffrant de ce trouble, entendre ce que vous lui dites lors d'un repas familial animé est particulièrement difficile.

Vous pouvez imaginer combien il peut être difficile pour ces enfants d'entendre et de comprendre l'enseignant, parmi le tapage des autres enfants, le bruit du trafic dans la rue, et les chants des enfants dans la classe voisine.

Il existe encore beaucoup d'autres troubles de la perception : le toucher, l'équilibre, la sensibilité musculaire... peuvent également être affectés.

Troubles du traitement des données

L'information qui arrive au cerveau par l'intermédiaire des différents sens ne doit pas seulement être bien *enregistrée*. Il faut que tous les éléments qu'elles contient soient en plus correctement *traités*, c'est-à-dire sélectionnés, classés, intégrés et coordonnés entre eux.

Exemple

Les sens doivent être bien coordonnés entre eux; les muscles également. Par ailleurs il faut une bonne coordination entre les sens et les muscles. Si quelque chose ne fonctionne pas correctement à ce niveau, nous parlons de *troubles de la coordination*. Ils peuvent aussi se présenter chez des enfants atteints d'ADHD.

Par exemple, pour rouler à vélo en toute sécurité, tous les sens et les muscles doivent être coordonnés les uns aux autres – surtout le sens de l'équilibre, les yeux, les oreilles et la perception musculaire. Vous ne pouvez pas cesser de regarder devant vous si tout à coup vous entendez quelque chose ou vous ne pouvez pas cesser de conduire si vous apercevez soudain quelque chose d'intéressant. Et c'est parfois cela qui ne fonctionne pas chez ces enfants. Ils entendent soudain quelque chose qui détourne leur attention, et ils tombent de leur vélo. Ils ne sont pas capables de traiter simultanément et correctement les informations qui leur parviennent par les oreilles, les yeux et les organes de l'équilibre.

Vous pouvez comparer ce phénomène à celui d'apprendre à conduire une voiture : vous devez tenir compte d'un tas de choses en même temps. Vous devez traiter simultanément l'information reçue par les oreilles, les yeux et les sensations musculaires. Par conséquent, au début vous oubliez toujours quelque chose. Après beaucoup d'exercices, vous apprenez à percevoir et à exécuter tout en même temps. Pour ces enfants, ce genre de performances reste très difficile.

Tenez compte du fait que pour certains enfants ADHD, assimiler une nouvelle technique reste toujours aussi difficile, alors que vous y parvenez au bout d'un certain temps.

– Une autre façon importante de traiter l'information est la capacité à mettre de l'ordre dans ses idées : «D'abord ceci, puis cela, ensuite comme ça…». Nous apprenons beaucoup d'activités compliquées en les fractionnant. Un grand nombre d'enfants ADHD éprouvent des difficultés à penser par petites étapes, à anticiper le geste qu'ils poseront après celui qu'ils sont en train de poser. Dans la plupart des situations, c'est quelque chose que vous faites naturellement, sans même en avoir conscience : « Si je fais ceci, il se passera cela; en conséquence, il arrivera vraisemblablement quelque chose comme ça... ». Dans le langage professionnel, le fait d'organiser en ordre logique l'information reçue via les différents organes des sens s'appelle la *pensée séquentielle.*

Par exemple, si un enfant a des problèmes à ce niveau, il ne placera pas correctement les lettres dans un mot; les mots dans une phrase; les phrases dans un récit...

Certains enfants ne peuvent pas penser de manière séquentielle; vous comprenez qu'il leur devient alors difficile de résoudre beaucoup de problèmes quotidiens et scolaires. A cause de cela, ils sont incapables de travailler méthodiquement, ce qui a des conséquences importantes pour le calcul notamment. Pensez combien il est difficile pour ces enfants de résoudre des problèmes ou de calculer avec de grands nombres, où il faut d'abord travailler avec les unités, puis les dizaines, puis les centaines. Cela devient une épreuve réellement effrayante.

Le fait de ne pas penser par étapes a pour conséquence que ces enfants se mettent au travail de manière impulsive. Ils ne réfléchissent pas plus loin que leur première idée; littéralement, on peut dire qu'ils ne pensent pas plus loin que le bout de leur nez. Voilà pourquoi on croit souvent que ces enfants ont un sens moral peu développé. Un enfant non ADHD pensera : « 1° Thérèse m'énerve, je lui donne une gifle; 2° si je la lui donne, elle se mettra à pleurer; 3° si elle pleure, sa mère va arriver; 4° alors sa mère me donnera une paire de gifles; 5° donc, il vaut mieux que je ne frappe pas Thérèse. » Un enfant qui éprouve des difficultés à réfléchir par étapes, n'anticipera pas cinq étapes à l'avance et... donnera la gifle à Thérèse. Que ces enfants aient un sens moral comme n'importe quel autre enfant apparaît dans le regret qu'ils éprouvent en se rendant compte des conséquences de leurs actes. Ils peuvent alors se sentir très fâchés contre eux-mêmes, se sentir très coupables ... Mais la fois suivante, ils agiront de nouveau sans réfléchir, à leur grand désespoir.

TROUBLES DE LA MÉMOIRE

Certains enfants ADHD éprouvent aussi des difficultés pour retenir quelque chose. Ils comprennent bien, mais l'action de mémoriser leur demande dix fois plus de répétitions et d'attention qu'aux autres enfants. Vous comprenez qu'un enfant qui se concentre difficilement a beaucoup de difficultés à retenir quelque chose ! Si en plus, il n'est pas capable de distinguer l'essentiel de l'accessoire, il ne voit pas clairement ce qui doit être enregistré ou non dans sa mémoire.

S'il s'agit de retenir une chose à la fois, cela peut encore aller. Mais une mission telle que « Va chez le boulanger chercher du pain et des pâtisseries, et ramène-moi en revenant un paquet de cigarettes, et, ah oui, jette ceci dans la boîte aux lettres en passant... » n'est vraiment pas réalisable pour un enfant ADHD. Même s'il est très intelligent.

Ces troubles de la mémoire – appelés parfois *troubles de la fixation* – rendent la tâche particulièrement difficile aux enseignants qui veulent apprendre quelque chose de nouveau à ces enfants. Le professeur pense : « Bon, il a compris maintenant, demain on continue ». Mais le lendemain, l'enfant a oublié la moitié.

De temps à autre, il arrive que l'enfant ADHD retienne et remarque mieux quelque chose que d'autres enfants. Souvent cela concerne des détails sans importance. Beaucoup de parents pensent alors : « Si mon enfant se souvient de pareils détails, il a certainement une bonne mémoire. C'est donc de la mauvaise volonté de sa part. » C'est une conclusion erronée. L'enfant ADHD retient parfois de petits détails, justement parce qu'il distingue difficilement l'important de l'accessoire. Cela redouble la difficulté : la plupart du temps, il ne retient rien du tout ; d'autres fois, il ne retient que des détails accessoires.

TROUBLES DE L'EXPRESSION

Notre cerveau ne se contente pas d'enregistrer et de trier les informations ; il détermine aussi ce qu'il faut en faire, comment les utiliser. Cela se fait principalement de deux manières : par nos muscles et par nos mots. Or les enfants ADHD peuvent avoir aussi bien des troubles moteurs que des troubles de la parole.

Nous avons déjà parlé des troubles moteurs. Ils peuvent toucher les grands groupes musculaires et nous voyons alors l'enfant courir ou rouler à vélo maladroitement. Mais les troubles moteurs peuvent également toucher les petits muscles (ce que nous avons appelé la *motricité fine*) ; dans ce cas, l'enfant a des difficultés à réaliser des actions qui demandent de la précision : enfoncer un clou, écrire... Par exemple, pour écrire, les yeux et les muscles doivent être coordonnés. Si ce n'est pas le cas, nous parlons de *trouble de la coordination oculo-motrice*. Si les muscles ne collaborent pas bien entre eux, nous parlons d'un *trouble de coordination motrice*. S'il y a un problème au niveau des petits muscles de la bouche, ou au niveau de leur coordination, il peut apparaître des *troubles de la parole*. Les troubles de la parole peuvent avoir bien d'autres causes. Pour les dépister et les traiter, nous pouvons faire appel à un orthophoniste.

TROUBLES DE LA LECTURE, DE L'ÉCRITURE ET DU CALCUL

Ces troubles, liés à l'apprentissage, n'apparaissent qu'au moment où un enfant apprend à lire, à écrire et à calculer. La familiarisation avec ces trois techniques constitue le test le plus révélateur pour la fonction cérébrale de coordination et de traitement de l'information. Souvent, s'il n'y a qu'un petit défaut dans le domaine du traitement de l'information, il ne se révélera qu'au cours de la première année primaire.

Les termes les plus souvent utilisés pour désigner les troubles dans ce domaine sont :

- *dyslexie* pour les troubles de la lecture;
- *dysorthographie* pour les troubles de l'écriture;
- *dyscalculie* pour les troubles du calcul.

Jusqu'il y a quelques années, ces troubles étaient inconnus et beaucoup des enfants qui en souffraient étaient étiquetés à tort comme bêtes ou paresseux.

Heureusement, il y a maintenant de plus en plus de thérapeutes et surtout d'(ortho-)pédagogues, qui se spécialisent dans le dépistage et dans le traitement de ces troubles. Dans certaines écoles, des professeurs d'adaptation ou des chargés d'enseignement de soutien peuvent épauler efficacement les enfants dont le problème n'est pas trop grave.

Labilité émotionnelle

Les réactions émotionnelles d'un enfant ADHD sont souvent très variables et exagérées. On appelle cela *labilité émotionnelle*. Il peut être follement enthousiaste un moment, et dix minutes plus tard tout à fait indifférent. Puis, de nouveau expansif et joyeux et une heure plus tard, complètement abattu. *Les enfants ADHD contrôlent difficilement leurs émotions*. Un rien peut les rendre extrêmement irrités, agressifs ou contrariés. Cette labilité émotionnelle chez les enfants ADHD peut soit être en relation directe avec leur très petit dysfonctionnement cérébral soit être la conséquence des nombreuses difficultés auxquelles ils sont continuellement confrontés.

Problèmes émotionnels

Un enfant ADHD peut être beaucoup plus intelligent que son voisin de banc à l'école et éprouver beaucoup plus de difficultés que lui pour apprendre quelque chose. Par ailleurs, il remarque très bien combien il est «bête» ou «maladroit». A cause de cette prise de conscience, l'enfant ADHD peut devenir très abattu, dépressif. Il risque de développer un sentiment d'infériorité. Tout ce qu'il essaie échoue. Il y a toujours quelque chose qui lui tombe dessus. Il est rare qu'il reçoive une remarque positive.

Cette réalité est plus traumatisante pour des enfants ADHD que pour des enfants handicapés mentaux, par exemple. Ces derniers aussi sont souvent maladroits et commettent des erreurs, mais au contraire des enfants ADHD, leur intelligence n'est pas suffisamment développée pour qu'ils puissent s'en rendre compte.

L'enfant ADHD a donc souvent une mauvaise image de lui-même : il se voit comme quelqu'un de passablement sans valeur. Certains enfants ADHD cachent cela derrière un masque. Par exemple, en faisant continuellement le clown. D'autres essaient de le cacher en faisant l'intrépide et le crâneur ou en se retranchant derrière un comportement agressif et délinquant. Il est important de retenir que derrière ce masque se cache un enfant très peu sûr de lui, qui a énormément de difficultés et qui éprouve souvent un sentiment d'infériorité.

Problèmes relationnels

Suite à tous les troubles, difficultés, problèmes et accidents que nous avons détaillés, l'enfant ADHD trouve parfois qu'il est très difficile de bien vivre avec d'autres personnes. La relation entre lui et ses parents, comme avec les autres membres de sa famille, est une des relations les plus importantes, mais qui dégénère souvent.

Le comportement d'un enfant hyperactif a une très grande influence sur ses relations avec les membres de la famille. Ceci vaut même pour un bébé hyperactif. Il est difficile de materner / paterner un enfant s'il ne reste jamais tranquille deux minutes dans vos bras ou sur vos genoux. Il est donc compréhensible que parfois très tôt quelque chose dérape dans la relation entre des parents et leur enfant hyperactif. Pour certains enfants, et même certains bébés, il faut vraiment être des «super-parents» pour tenir le coup.

A l'école aussi, les relations d'un enfant hyperactif avec les autres enfants et les adultes peuvent très vite dégénérer. Dès la première année primaire, de solides exigences sont posées : se tenir tranquille, faire attention, attendre son tour, faire des exercices précis (par exemple écrire proprement), exigences pour lesquelles une perception et une coordination excellentes sont nécessaires. Cette pression constante écrase parfois rapidement l'enfant ADHD. Nous voyons alors apparaître peu à peu des problèmes émotionnels et comportementaux.

En outre, la première année primaire correspond souvent avec la période où l'entourage intervient massivement dans le problème. L'institutrice dit aux parents : «Ne soyez pas toujours derrière lui»; la grand-mère trouve que sa belle-fille est beaucoup trop permissive; le médecin de famille dit : «Le Valium ferait peut-être de l'effet»; et la tante s'exclame : «Laissez-moi cet enfant quinze jours, et vous verrez le résultat!».

Le plus préoccupant dans tout cela est que les parents reçoivent plus de reproches que d'aide efficace. C'est souvent à cette époque que les parents auront de sérieuses disputes entre eux à propos de la manière de se comporter avec leur enfant. Tout cela renforce le chaos, et c'est justement de tout cela que l'enfant ADHD devrait être épargné. En effet dans une situation chaotique et tendue, son comportement devient encore plus problématique et le cercle vicieux s'installe. Plus grand est le chaos et plus les parents sont indécis, plus l'enfant devient intraitable. Cette spirale négative mène parfois à de graves explosions.

Le chaos augmente ←→ L'hyperactivité augmente

Figure 15

Les enfants ADHD, surtout les enfants hyperactifs, sont parfois sauvages, puérils ou même ridicules dans leur manière d'être avec les enfants de leur âge. Il leur est plus difficile qu'aux autres enfants de percer les sentiments d'autrui, entre autre parce que là aussi ils ont des difficultés à distinguer l'important de l'accessoire. Les enfants ADHD sont en général peu populaires parmi ceux de leur âge; ils sont souvent exclus du sport et des jeux. Si les parents et les enseignants n'apportent pas une aide particulière à l'enfant ADHD dans ce domaine comme dans les autres, il risque d'avoir de sérieux problèmes avec les enfants de son âge. Il évitera les autres ou se limitera à la fréquentation beaucoup plus facile d'enfants plus jeunes.

Dans un groupe, l'enfant ADHD devient facilement le bouc émissaire ou le souffre-douleur des autres. Il se fera difficilement des amitiés durables. Parfois il essaie de résoudre cela en achetant l'amitié des autres par une complaisance exagérée, de la flatterie, des friandises, des jouets ou de l'argent.

Dans leurs relations avec les autres, les enfants ADHD dosent mal l'expression de leurs sentiments. Ils sont démesurés dans le témoignage de leur amitié. Parfois ils ne distinguent pas les amitiés importantes de celles qui ne le sont pas. Cela ne se produit pas seulement lorsqu'ils expriment de la colère ou de l'agressivité, mais aussi de temps à autre dans l'expression de l'amour et de l'affection. En d'autres mots, ils se montreront parfois aussi affectueux et intimes avec un étranger qu'avec un membre de la famille. Ces enfants doivent apprendre à mieux doser l'expression de leurs sentiments.

Troubles du sommeil

Un problème qui à première vue semble sans grande importance est le fait que la plupart des enfants ADHD dorment peu et/ou de manière très agitée. Des recherches ont montré que nombre d'entre eux sont même dans leur sommeil plus agités que les autres enfants.

En soi, ce n'est pas grave : ce n'est pas le fait de dormir peu qui fait du tort à l'enfant. Mais pour les parents, cela risque d'être la goutte qui fait déborder le vase : après s'être occupés une journée entière de leur enfant exigeant, ils ne peuvent pas souffler le soir et sont réveillés tôt le matin par son tapage !

Autres problèmes de comportement

Les enfants ADHD font souvent les pitres. Plutôt que d'admettre qu'ils ne savent pas faire quelque chose, ils exagèrent leur maladresse pour donner l'impression qu'ils le font exprès.

D'autres enfants ADHD développeront un comportement de plus en plus délinquant. Ils se disent que de toute manière, ils ne font rien de bon et qu'on les gronde toujours. Par conséquent, ils cessent de faire de leur mieux. Ils se laisseront aller à ce qui leur passe par la tête.

Ils peuvent aussi en arriver à se défouler sur d'autres de leurs frustrations quotidiennes et devenir très agressifs. Ces problèmes peuvent devenir sévères s'ils connaissent simultanément des problèmes avec la formation de leur sens moral.

Le risque qu'apparaisse et que persiste un comportement non souhaité est d'autant plus élevé quand un enfant est incapable de prévoir ses actes et quand il est difficile à conditionner. Comme je l'ai dit précédemment, l'enfant qui veut se comporter correctement, doit pouvoir anticiper les étapes. Nous aussi nous devons anticiper pour bien juger des conséquences possibles de notre comportement, pour former notre «conscience». Si l'enfant éprouve des difficultés dans ce domaine, il fera plus de bêtises que d'autres. Le risque augmente encore si les parents eux-mêmes ne sont pas sûrs de leur approche et s'ils ne se tiennent pas à des règles de comportement claires et conséquentes.

Deux malentendus à propos de leur intelligence

Il existe deux malentendus à propos de l'intelligence des enfants ADHD :

- Ils sont tous bêtes;
- Ils sont tous intelligents.

Le niveau d'intelligence n'a pas de lien direct avec le syndrome ADHD; il peut survenir chez des enfants très intelligents, comme chez des enfants très peu intelligents. Un enfant peut être faiblement doué et avoir par dessus le marché un ADHD. Bon nombre d'enfants handicapés mentaux peuvent avoir un ADHD en plus des problèmes dus au défaut d'intelligence. Inversement l'enfant ADHD peut être très intelligent… alors, il en retire d'importants avantages : il a plus de possibilités pour compenser son handicap et s'en tirer malgré celui-ci. Il y a cependant un grave inconvénient : un enfant ADHD intelligent constate rapidement ses échecs répétés; il est conscient du fait qu'il ne parvient pas à faire certaines choses que réussissent des enfants moins intelligents. C'est ainsi que, proportionnellement, les problèmes émotionnels chez un enfant intelligent peuvent être plus importants.

L'association du syndrome ADHD à d'autres troubles

Chez certains enfants le dysfonctionnement cérébral peut engendrer non seulement le syndrome ADHD, mais aussi d'autres troubles. Deux de ces associations sont particulièrement graves :

1. La combinaison du syndrome ADHD avec des tics qui sont parfois tellement nombreux et chroniques que l'on parle de «maladie des tics» (ou *Syndrome de Gilles de la Tourette*).

   Quand un enfant a le *syndrome de Gilles de la Tourette*, il est également très nerveux et hyperactif, sans que l'on puisse affirmer avec certitude qu'il s'agit du «vrai» syndrome ADHD – remarquez que l'inverse n'est pas vrai. Malheureusement la maladie des tics est difficile à traiter et, en plus, les médicaments les plus actifs pour soulager l'ADHD aggravent parfois les tics. Ce qui pousse parfois les médecins à se limiter à des médicaments moins efficaces pour limiter les tics.

2. La combinaison du syndrome ADHD avec l'autisme ou souvent avec des formes d'autisme plus légères et plus tardives (*troubles envahissants du développement*, selon le DSM-IV). C'est une réalité cruelle à gérer pour les parents qui ont des difficultés non seulement à canaliser le comportement de leur enfant, mais surtout à établir un contact affectif avec lui. Heureusement que les thérapeutes contemporains ont une vision plus nuancée sur les causes de l'autisme et ne passent donc plus leur temps à culpabiliser les parents en leur reprochant l'état de leur enfant !

4. La collaboration avec une équipe d'autres spécialistes

Dans ce livre, nous avons surtout insisté sur la manière dont vous-mêmes, en tant que parents, vous pouvez aider le mieux possible votre enfant ADHD. Et vous êtes en mesure de l'aider beaucoup. Votre contribution à l'éducation de votre enfant, avec celle des enseignants, reste la plus importante (et la plus difficile !).

Si votre enfant a des problèmes, tels que des troubles de l'apprentissage, de la parole ou des troubles moteurs, on peut instaurer un traitement. C'est ce qu'on appelle parfois une *rééducation fonctionnelle*. Il s'agit d'exercices par lesquels on essaie de suppléer à ces dysfonctionnements instrumentaux. Les spécialistes qui peuvent vous y aider sont par exemple les orthophonistes, les ergothérapeutes, les physiothérapeutes, les psychomotriciens et les (ortho-)pédagogues.

Un thérapeute familial pourra vous aider à mieux assister votre enfant face à ses problèmes émotionnels, à mieux aborder ses problèmes de comportement, à améliorer la collaboration entre les parents et à mieux gérer l'influence des autres enfants (et sur les autres enfants) dans la famille.

Un thérapeute du comportement vous proposera des méthodes qui vous aideront à désapprendre un comportement dérangeant et à enseigner un comportement souhaité.

Si votre enfant a de graves problèmes émotionnels que vous ne pouvez maîtriser, une thérapie individuelle analytique ou une thérapie cognitive peut être indiquée, mais jamais sans un accompagnement des parents ou sans une thérapie familiale.

Il est préférable que la direction et la coordination du traitement se trouvent entre les mains d'un pédopsychiatre.

En résumé, l'éducation d'un enfant ADHD exige pratiquement toujours une approche pluridisciplinaire, c'est-à-dire par différents spécialistes : les parents, les enseignants, le thérapeute familial, le médecin et même – suivant les troubles de votre enfant – l'orthopédagogue, l'orthophoniste... Idéalement, ces spécialistes forment une équipe, travaillent en collaboration les uns avec les autres, et sont habitués à examiner et à traiter des enfants ADHD. La collaboration n'est pas seulement importante pour l'examen et la précision du diagnostic, elle l'est surtout pour le traitement.

Vous aurez remarqué que, dans cette liste de spécialistes, j'ai aussi cité les parents. Ce n'est pas une plaisanterie. Les parents d'enfants ADHD sont des spécialistes, et même les plus importants. *De toute façon, vous devez exiger d'être étroitement impliqués dans le travail des autres spécialistes.* Une équipe qui traite des enfants ADHD sans une collaboration étroite avec les parents est une mauvaise équipe.

En tant que parents, vous devez aussi veiller à ce que votre enfant ne soit pas surchargé. Si votre enfant a des troubles ou des difficultés dans plusieurs domaines, il peut arriver qu'il ait besoin de thérapies différentes : celle d'un psychomotricien, d'un orthophoniste, d'un orthopédagogue... Cela peut devenir excessif, et il risque de ne plus avoir suffisamment de temps pour jouer, faire du sport, être câliné, mettre du désordre et se défouler. Il est alors nécessaire de discuter des priorités avec tous les spécialistes potentiels, afin que votre enfant ne soit pas surchargé par l'accumulation de leurs offres respectives. Il peut arriver que toutes ces thérapies constituent une source de stress trop importante pour un enfant ADHD. Surtout quand il est traité par des spécialistes qui n'ont pas de contacts réguliers entre eux (ce qui n'est malheureusement pas rare). C'est dans ce cas qu'ils risquent le plus de ne pas constater à temps la surcharge. Tenez cela à l'œil et parlez-en, le cas échéant, avec votre médecin de famille ou avec le pédopsychiatre de votre enfant.

5. L'utilité des médicaments

Je prescris rarement des médicaments à des enfants. J'estime qu'il y a très peu de raisons de donner à des enfants des substances psychotropes et surtout d'en donner longtemps. Une des rares exceptions à cette règle concerne les enfants ADHD. Chez ceux-ci, *il faut toujours rechercher quel bénéfice ils peuvent tirer d'une médication.* Mais attention ! Les médicaments n'ont pas leur place dans le traitement d'enfants au tempérament exubérant et certainement pas plus chez des enfants hyperactifs *pour des raisons psychosociales!* Seuls les enfants atteints d'ADHD entrent ici en considération.

Nous avons démontré – comme d'ailleurs beaucoup d'autres cliniciens – que les enfants ADHD sont très bien aidés par des médicaments qui stimulent le système nerveux central. Appartiennent principalement à ce groupe des médicaments de la famille des amphétamines [1].

Chez une majorité d'enfants ADHD qui prennent ces médicaments, on observe une nette amélioration. Un quart d'heure ou une demi-heure après la prise, ils deviennent beaucoup plus calmes. Le médicament améliore en premier lieu leur attention et leur concentration. De cette manière, mais aussi vraisemblablement par une action directe du médicament, leur hyperactivité diminue et ils contrôlent mieux leurs mouvements, qui deviennent plus harmonieux : on peut le constater par exemple à partir de l'amélioration de leur écriture.

L'effet sur le fonctionnement psychosocial est parfois immédiat. Nous voyons que pas mal d'enfants, avec l'aide d'une médication, se comportent socialement et intellectuellement mieux qu'auparavant. Dès le moment où l'action du médicament est épuisée, ils retombent dans leur comportement troublé. Cela signifie que *ce n'est pas une médication qui guérit, mais qui combat* un certain nombre de symptômes gênants, surtout l'hyperactivité et le manque de concentration.

Le médicament est surtout important parce qu'il permet aux enfants normalement doués de suivre l'enseignement normal, de mener une vie normale, de rester dans leur famille et de pouvoir continuer à faire partie du groupe des enfants de leur âge. Je trouve l'usage du médicament certainement judicieux parce qu'on épargne de cette manière aux enfants et à leurs parents énormément de souffrance et de problèmes. Si à la puberté les possibilités d'attention et de concentration s'améliorent d'elles-mêmes, qu'aurons-nous gagné entre-temps à retarder tellement d'occasions d'apprentissage, à empêcher ces enfants de vivre une bonne période d'école primaire ?

Les chercheurs qui ont observé des enfants ADHD pendant plusieurs années ont clairement montré que la médication peut contribuer à améliorer leurs prestations scolaires : la médication facilite l'apprentissage parce qu'elle accroît les pouvoirs de concentration et d'attention.

---

1. Disponibles en Belgique : le *méthylphénidate* – RILATINE® – et la *pémoline* – STIMUL®. Le méthylphénidate est également disponible en France depuis peu (RITALIN®). La *pémoline* y est également commercialisée (CYLERT®).

Il s'agit ici d'un seul aspect – celui des apprentissages, mais il existe bien d'autres aspects qui gênent ces enfants, notamment l'aspect émotionnel et l'aspect social. Tout au long de l'âge scolaire, les enfants ADHD doivent se frayer à grand peine un passage à travers les nombreuses réactions négatives de leur entourage, à l'école et à la maison. Cela peut avoir une influence très négative sur l'image qu'ils se font d'eux-mêmes et sur leur confiance en eux. Je trouve très important de pouvoir éviter par des médicaments le fait qu'un enfant ADHD se ressente comme une sorte de monstre unique en son genre. Les médicaments peuvent aussi stimuler l'adaptation sociale. Un enfant ADHD qui se domine difficilement, même si ses parents et enseignants font leur possible pour l'aider, court le risque d'être socialement mis à l'écart et d'être étiqueté de clown, casse-pieds, bouffon, vaurien…

Les répercussions émotionnelles et sociales d'une jeunesse remplie d'échecs sont beaucoup plus graves que celles causées par la prise de médicaments sur l'image que l'enfant se fait de lui-même. Il faut néanmoins examiner pour chaque enfant si les avantages de la médication sont réellement plus importants que les inconvénients. Il est par ailleurs démontré que, même si l'on constate une amélioration à court terme, les enfants qui reçoivent des médicaments comme seule forme de thérapie n'évoluent pas mieux à long terme que ceux qui n'en ont pas reçu. Il n'y a qu'une conclusion possible : *la médication doit être combinée à un accompagnement thérapeutique.*

Comme toutes les médications actives, les médicaments stimulants tels que le méthylphénidate ont aussi des effets secondaires, dont les principaux sont : une diminution de l'appétit, des insomnies, des lourdeurs d'estomac; parfois de la pâleur. Certains enfants deviennent hypersensibles, pleureront facilement. D'après notre expérience, la plupart des effets secondaires disparaissent après que l'enfant a pris le médicament quelques jours de suite.

Parfois nous remarquons un certain ralentissement de la croissance. C'est pourquoi jusqu'il y a peu, les pédopsychiatres ne prescrivaient ces médicaments que pour les jours d'école. Heureusement, des chercheurs ont établi que l'enfant rattrape ce retard, qu'il arrête ou qu'il poursuive la prise du médicament. Aujourd'hui on a donc tendance à le prescrire de façon continue. Et ce d'autant plus que l'on a constaté qu'en procédant à des interruptions répétées, l'efficacité du médicament diminuait et qu'il fallait alors augmenter les doses. D'ailleurs beaucoup de parents m'ont dit : «Je préfère un enfant au caractère normal et avec quelques centimètres de moins, qu'un bandit mal dans sa peau avec quelques centimètres de plus.»

Un autre effet secondaire peut surgir, assez rare, que l'on appelle «effet rebond». Cela veut dire que le comportement de l'enfant s'aggrave subitement quand l'effet du médicament est épuisé. Cela se passe généralement entre cinq et sept heures après l'administration de la médication. La solution est de redonner une petite dose vers quinze ou seize heures.

Vous entendrez dire par des connaissances, des médecins, des pharmaciens, peu documentés sur les nombreuses recherches scientifiques dans le domaine de l'utilisation de ces médicaments chez des enfants ADHD : «Mais c'est du dopage, cela provoque de la dépendance ! ». Or il a été clairement établi que les enfants ADHD qui ont reçu ce médicament ne sont pas devenus plus pharmaco-dépendants que les enfants non ADHD (voir plus loin dans ce chapitre). D'ailleurs, c'est souvent vous qui devrez veiller à ce que votre enfant prenne ses comprimés chaque jour. Finalement, quand arrive le moment libérateur où l'enfant ADHD ne doit plus les prendre, c'est un soulagement pour chacun et *pour l'enfant en premier lieu.* Tenez aussi compte du fait que d'autres membres de la famille pourraient faire un mauvais usage du médicament. Pensez-y si des comprimés disparaissaient régulièrement. Comme pour n'importe quel médicament, vous devez être très prudents et respecter à la lettre les directives du médecin traitant.

Nous sommes très prudents en ce qui concerne l'usage des médicaments chez des enfants ADHD. Nous nous tenons strictement à quelques règles avant de prescrire ces médicaments :

1. Le diagnostic d'ADHD doit être établi avec une certitude suffisante;

2. La thérapie familiale doit se dérouler correctement : la situation d'éducation à la maison et à l'école doit être adaptée aux besoins d'un enfant ADHD. Nous n'avons jamais donné un médicament tant que l'approche n'était pas correcte;

3. Quand nous donnons un médicament, nous en prescrivons aussi peu que possible et nous vérifions au moins une fois par an si l'enfant peut s'en passer [1]. Si possible, nous ne donnons de médicament que pour les jours d'école.

---

1. Nous faisons cette vérification par une administration en «double aveugle». Sommairement, cela signifie que nous demandons l'aide du pharmacien pour que, une semaine de temps à autre, l'enfant reçoive un produit neutre au lieu de son médicament, et ceci à l'insu de tous. Dans la période qui inclut cette semaine nature, parents et enseignants remplissent des questionnaires sur le comportement de l'enfant. Sur cette base, on arrive à déterminer si oui ou non il a besoin du médicament à cette période donnée.

Chez la plupart des enfants, vous constaterez rapidement l'effet du méthylphénidate, déjà après quelques jours. Nous recommandons une période d'essai allant de trois semaines à un mois. Si après un mois nous ne constatons pas de résultat net, nous arrêtons ou nous essayons autre chose.

Ces médicaments présentent l'inconvénient d'avoir un temps d'action de courte durée. La durée de leur efficacité varie d'un enfant à l'autre, elle couvre entre quatre et huit heures. Si vous voulez couvrir le temps d'école, vous devez en donner deux fois par jour : le matin et sur l'heure de midi. L'effet peut être évalué au moyen de questionnaires pour les enseignants, les parents, l'enfant et le thérapeute.

Généralement on ne donne pas ces médicaments avant l'école primaire. Nous ne commençons qu'au moment où la concentration et l'attention vont poser de réels problèmes, et cela se passe en général quand l'enfant entre à l'école primaire. Le mieux est de faire démarrer le traitement par le pédopsychiatre de l'équipe pluridisciplinaire qui a posé le diagnostic et qui organise le traitement. Après une première période d'évaluation, le traitement est bien équilibré et le contrôle médical peut être poursuivi par le médecin traitant. Il suffit alors que le pédopsychiatre vérifie une ou deux fois par an, en liaison avec les parents, les enseignants et le médecin de famille, si l'administration de médicaments est encore utile et si la dose ne doit pas être réadaptée.

Quels sont les principaux médicaments disponibles ? Nous avons déjà signalé que les deux produits qu'on utilise de préférence en Belgique francophone sont des psychostimulants de la famille des amphétamines (ou d'une famille voisine). Il s'agit du *méthylphénidate* (RILATINE®) ou de la *pémoline* (STIMUL®). Avec ce dernier produit on peut souvent se contenter d'une prise quotidienne – le matin – au lieu de deux prises pour le méthylphénidate.

Dans la plupart des pays développés – à l'exception de la France – le méthylphénidate est le médicament que l'on choisit en premier lieu. Récemment les cliniciens et chercheurs ont découvert que deux autres types de médicaments avaient aussi un effet positif : la *clonidine* (DIXARIT®, CATAPRESSAN®) et certains anti-dépresseurs tricycliques.

La clonidine est le plus important. Son effet est presqu'aussi positif que celui du méthylphénidate. Un grand inconvénient de ce médicament est qu'il faut attendre six à huit semaines pour que ses effets soient visibles, ce qui rend difficile l'évaluation du dosage. La clonidine est recommandée :

- si l'on craint – bien que les recherches le démentent – une toxicomanie avec les psychostimulants;

- si l'enfant souffre en même temps du *syndrome de Gilles de la Tourette ;*
- si l'on craint un ralentissement de la croissance ;
- si l'enfant souffre trop de tel ou tel effet secondaire dus aux psychostimulants ;
- si les psychostimulants semblent inefficaces
- ...

On a découvert que certains antidépresseurs tricycliques sont également efficaces, même si l'enfant n'est pas du tout dépressif. Malheureusement leur effet a tendance à diminuer avec le temps – et on doit donc augmenter la dose. Par ailleurs il faut être certain que l'enfant n'a pas de maladie cardiaque. Il ne faut donc pas les prescrire sans un bon examen cardiologique préalable.

6. Quelle est l'évolution de ces enfants ?

Quand les pédopsychiatres ont commencé à s'intéresser au syndrome ADHD, ils pensaient que le syndrome disparaissait chez la plupart des enfants vers la puberté. Cela ne se passe pas souvent ainsi. Maintenant que les pédopsychiatres ont suivi de plus en plus d'enfants au-delà de la puberté, il apparaît que les symptômes se modifient au fur et à mesure de leur croissance, mais que bien souvent ils ne disparaissent pas.

Les problèmes des adolescents atteints d'ADHD

Chez certains enfants ADHD, les problèmes – ou une partie des problèmes – diminuent ou disparaissent progressivement vers la puberté. Cela signifie que le mauvais fonctionnement d'une petite partie du cerveau n'était pas causé par une lésion ou un équipement déficitaire. On peut alors parler de *retard de maturation* : quelque chose dans le cerveau ne s'était pas développé assez rapidement. Le retard se rattrape à la puberté. Malheureusement, il n'existe pas de méthode pour déterminer à l'avance si les problèmes s'amélioreront ou non à la puberté !

Exemple

- *Pierre, quinze ans, a des troubles de concentration, ce qui lui vaut beaucoup de fautes dans ses devoirs. Peu à peu il devient capable de consacrer beaucoup plus de temps pour les rédiger et arrive ainsi à faire moins de fautes.*

- Véronique, seize ans, éprouve des difficultés à travailler l'information visuelle. Peu à peu elle apprend à faire appel de plus en plus à l'information auditive.
- Un de mes patients ADHD a obtenu le poste de directeur d'une agence bancaire. Il y fait son travail à la satisfaction de chacun... s'il peut utiliser sa calculette. Personne ne sait que sans elle il a des problèmes pour calculer des montants même inférieurs à la centaine. Son dysfonctionnement cérébral n'a donc pas disparu, mais il a trouvé une solution pour en réduire les conséquences.

Je vous propose maintenant quelques chiffres, extraits de plusieurs études. Vous constaterez qu'ils sont parfois contradictoires :

- 20 à 50 % des enfants ADHD n'ont plus de problèmes anormaux à l'adolescence;
- 70 à 80 % des enfants ADHD restent en proie à l'adolescence à un sentiment d'agitation;
- seulement 12 % continuent à poser des problèmes à cause de leur hyperactivité et de leur manque d'attention et de concentration;
- 10 à 25 % des enfants ADHD ont des problèmes de comportement délinquant et 20 % de ceux-ci ont eu des problèmes avec la police;
- 30 % des enfants ADHD restent en traitement ou reçoivent une forme d'enseignement spécial.

Le nombre élevé de contacts avec la police mis en évidence par ces études donne, selon moi, une image exagérée de la délinquance parmi les adolescents atteints d'ADHD. On ne doit pas oublier que près de 90 % des citoyens ont posé au moins une fois dans leur adolescence un acte punissable par la justice. Mais une minorité seulement a été prise en flagrant délit. Étant donné que les enfants ADHD sont maladroits, ils n'agissent pas très discrètement. A cause de cela, le risque de se faire prendre augmente énormément. Si un acte délinquant est commis en groupe, c'est typiquement l'enfant ADHD qui ne réussit pas à s'échapper. Il ne sait pas s'expliquer convenablement et il ne fait qu'aggraver les choses. Il ressort de l'étude détaillée des contacts avec la police que ces contacts, hormis le vrai comportement délinquant, concernent surtout des infractions au code de la route (excès de vitesse). Quoi qu'il en soit, il est vrai que les enfants ADHD risquent de devenir délinquants plus que les autres.

Dans le livre très intéressant *Hyperactive Children Grown Up* [Weiss et Trockenburg-Hechtman], on trouve les conclusions d'une série d'études :

1. Les symptômes du syndrome ADHD originel diminuent et deviennent moins graves à l'adolescence. Par ailleurs les symptômes de l'enfance sont rarement ceux dont on se plaint encore à l'adolescence. A l'adolescence les principaux problèmes sont : problèmes de discipline, comportement antisocial, mauvaises prestations scolaires et mauvaises relations avec les jeunes de leur âge.
2. Chez des adolescents ADHD, les troubles survenant le plus fréquemment sont : mauvaise estime de soi, mauvaises prestations scolaires et mauvaises relations avec les jeunes de leur âge.
3. Les plus grandes différences entre les différentes études concernent les adolescents qui adoptent un comportement délinquant répété. Cela varie selon les études entre 10 à 25 % et 45 %.

Approche des adolescents atteints d'ADHD [1]

FAVORISER LES BONNES RELATIONS FAMILIALES

Les études ont montré que dans les familles d'adolescents ADHD plus de problèmes se posent que dans les autres familles et ces problèmes sont la conséquence du fait d'avoir un enfant ADHD. C'est pour cela qu'il est tellement important de continuer à se tenir au projet éducatif proposé dans ce guide. Cela en vaut la peine! Si vous tenez bon, votre enfant a de réelles chances de réussir.

Dans beaucoup de familles avec un adolescent ADHD, les autres membres de la famille présentent plus de problèmes dans le domaine de la santé psychique et le climat émotionnel général est moins bon. Il y a aussi plus de problèmes entre les parents. Par ailleurs les parents ont tendance à prendre des mesures plus autoritaires et répressives vis-à-vis de leurs enfants. On constate que les problèmes familiaux tout comme l'intervention répressive des parents diminuent au fur et à mesure que l'enfant grandit, ce qui améliore le climat émotionnel à la maison. Une nette amélioration survient aussi quand l'adolescent ADHD a quitté la maison!

Régulièrement les parents imputent toutes les difficultés de comportement au syndrome ADHD. Par là, ils troublent une saine révolte pubertaire en ne la considérant pas comme une protestation adolescente normale. Cela vaut la peine d'en parler et de demander conseil à un autre parent expérimenté, à un enseignant, un psychologue pour enfants ou un pédopsychiatre.

1. A la demande des parents et des associations d'entraide, nous avons commencé un livre pour les parents d'adolescents ADHD. Ce qui suit en est un résumé.

Il est important que les parents proposent à leur adolescent ADHD un cadre de vie très structuré. Mais il est tout aussi important qu'ils diminuent progressivement leurs exigences et qu'ils apprennent parallèlement à l'adolescent à apporter lui-même dans sa vie une structure de plus en plus forte. Les parents doivent lâcher un peu les rênes, même s'ils remarquent que l'adaptation du comportement n'est pas tout de suite parfaite. Si les parents continuent à imposer trop de structures, l'enfant ne recevra pas l'occasion d'agir de lui-même. Cela vaut pour les parents de tous les adolescents, mais plus particulièrement pour ceux d'adolescents ADHD. Pour eux, le dilemme est encore plus difficile.

MÉDICAMENTS

Quand on n'a pas encore utilisé les médicaments stimulants, je les essaie aussi chez des adolescents. Je commence par le méthylphénidate, surtout si le médicament avait eu auparavant un effet favorable, mais qu'on avait abandonné sur base du principe actuellement dépassé qu'il valait mieux arrêter à la puberté. En général il semble que les adolescents réagissent aussi bien que les enfants aux médicaments stimulants.

Des nombreuses études qui ont décrit l'emploi des psychostimulants pour les enfants ADHD, aucune n'a démontré que les enfants et adolescents ADHD qui ont reçu des médicaments stimulants faisaient plus tard un plus grand usage de drogues. Au contraire, les enfants ADHD non traités courent plus de risques de consommer des drogues que ceux qui ont reçu un traitement médicamenteux adapté. On n'a pas démontré non plus d'influence négative persistante sur le développement physique, la croissance, la tension artérielle, le poids… De beaucoup d'études il ressort que trois quarts des adolescents ADHD qui continuent à souffrir des problèmes d'attention, de concentration et d'hyperactivité, gagneraient à utiliser ou à poursuivre l'usage d'une médication. Le problème ici résiderait plutôt dans le fait que les adolescents, plus que les enfants, sont opposés à la prise de médicaments.

On a fait récemment une découverte importante : pour un certain nombre d'adolescents, jeunes adultes et adultes – chez qui des médicaments stimulants avaient peu d'effet ou à qui on n'en avait pas donné – certains anti-dépressifs, comme l'*imipramine*, ont un effet favorable. Et ce, sans qu'il soit question de dépression. Cette médication semble avoir un effet direct sur l'attention, la concentration, l'impulsivité et l'hyperactivité. L'on peut aussi recourir à la clonidine (voir supra).

Exercices de relaxation

Les adolescents ADHD sont souvent très tendus. C'est pourquoi je leur apprends des exercices de relaxation, courts (5 minutes) et intensifs.

J'ai pu remarqué que les exercices de relaxation me détendaient également. C'est pourquoi je les apprends aussi à un des parents. Je demande alors au jeune de détendre d'abord son parent (ce qui lui permet d'accéder à un état d'esprit plus efficace pour son action éducative). Ensuite je demande au parent de détendre l'adolescent. Il est stupéfiant de voir comment ces adolescents agités en imitant ma «voix de relaxation» lente, calme et grave, parviennent à détendre leurs parents. De cette manière, ils arrivent à se détendre eux-mêmes dans une certaine mesure.

Entraînement aux compétences sociales

L'entraînement aux compétences sociales constitue pour ces enfants une aide importante. Bien sûr il ne faut pas espérer qu'une petite série de dix séances amènera une solution définitive. On devrait pouvoir offrir à ces jeunes des entraînements réguliers, adaptés à chaque nouvelle phase de la vie et aux nouveaux problèmes qui en découlent. C'est une tâche qui me paraît très importante et qui devrait être organisée par les associations de parents en collaboration avec les thérapeutes, notamment ceux qui travaillent dans les centres de santé mentale.

Thérapies cognitives

Les adolescents ADHD peuvent aussi être aidés par des stratégies basées sur la *thérapie cognitive*. De la même manière que les théories sociales donnent aux parents un exellent coup de main pour garder sur la bonne voie un adolescent aussi particulier, tellement difficile à manier, on peut améliorer l'image que ces jeunes ont d'eux-mêmes avec les principes relativement simples, mais efficaces, des thérapies cognitives (par exemple : Meichenbaum,Ellis, Beck). On peut également les aider à organiser leurs pensées chaotiques et leurs façons de réfléchir. Cela vaut la peine, me semble-t-il, que des psychologues formés aux thérapies cognitives élaborent des stratégies de traitement spécifiquement adaptées à cette catégorie d'adolescents. En collaboration avec les associations de parents, ils pourraient organiser des entraînements adaptés, combinés par exemple avec des stages d'entraînement aux compétences sociales.

Après l'adolescence, cela va mieux : les adultes ADHD

Les psychiatres pour adultes, chez qui on retrouve parfois ces enfants hyperactifs à un âge plus avancé, ne connaissent pas le syndrome ADHD. S'il y a un problème, ils poseront toutes sortes d'autres diagnostics proches de leur domaine, mais pas celui d'ADHD. Nous avons l'impression que les psychiatres pour adultes repèrent les conséquences du dysfonctionnement dû à l'ADHD, mais méconnaissent la cause sous-jacente : ils ne pensent pratiquement jamais à la possibilité d'un ADHD. Peut-être ceci va-t-il changer dans un avenir proche ? En effet, de plus en plus de psychiatres pour adultes, familiarisés avec la pédopsychiatrie lors de leur formation, font preuve d'un intérêt croissant pour cette problématique. Par ailleurs on commence à tenir compte de cette découverte faite il y a une dizaine d'années, à savoir que pas mal d'enfants ADHD devenus adultes gardaient des problèmes spécifiques.

Trouver le «bon» partenaire a souvent une influence favorable sur le jeune adulte atteint d'ADHD. Surtout s'il rencontre une fille elle-même bien structurée qui l'aide à canaliser son chaos et le rend plus «sympathique». Pourtant, dans leur relation, il n'est pas rare de voir surgir des problèmes dus au comportement impulsif du partenaire ADHD. Le (jeune) adulte atteint d'ADHD accepte très difficilement que sa compagne, à intelligence égale, organise sa vie et appréhende pas mal de choses mieux qu'il n'y parvient. Il lui est reconnaissant de ce qu'elle fait pour lui, comprend qu'il fonctionne mieux grâce à elle, mais n'accepte pas toujours sa dépendance inévitable, tout comme un paralysé hait ses béquilles à l'occasion.

Si un parent ADHD (en général le père) a un fils hyperactif, des problèmes risquent de surgir. Non seulement parce qu'il lui est particulièrement difficile d'adopter un comportement conséquent dans le domaine éducatif, mais surtout parce que c'est lui-même qu'il retrouve dans son enfant. Poussé par la compassion (et par des sentiments de culpabilité) ou bien il sera soit trop indulgent ou bien son impuissance le rendra brutal, ce qui provoquera des conflits avec le conjoint.

Dans le livre *Hyperactive Children Grown Up*, sont résumées les études portant sur les adultes chez qui on a diagnostiqué un ADHD dans la jeunesse. Les conclusions de ces études sont les suivantes :

1. De toutes les études, il ressort qu'environ la moitié des patients devenus adultes se porte bien. Cela ne signifie pas qu'ils n'ont plus aucun problème du à leurs symptômes, mais bien que ces symptômes ne les handicapent pas trop. La plupart des patients travaillent et subviennent à leurs besoins. L'évolution de l'ADHD semble déterminée par la présence ou non d'une hyperactivité manifeste et d'un comportement asocial.

2. Dans la majorité des études, environ la moitié des patients éprouve la persistance de symptômes – modérés à graves – ou présente d'autres signes de problèmes psychiques secondaires.
3. Environ un quart des adultes présente les signes d'une structure de personnalité antisociale ou ont posé des actes de délinquance.
4. L'hypothèse que des enfants ADHD risquent plus que les autres de devenir psychotiques n'est pas confirmée.
5. S'il ressort d'un certain nombre d'études que les adolescents hyperactifs consomment plus d'alcool que les jeunes de leur âge, on ne retrouve pas cette différence chez les adultes.

Pour conclure : ce que pensent des adultes atteints d'ADHD de leur traitement antérieur

Weiss et Trockenberg-Hachtman ont demandé à 61 adultes atteints d'ADHD ce qu'ils estimaient avoir joué un rôle important dans leur traitement. Voici le résumé de leurs réponses :

1. En ce qui concerne la médication, ils ont trouvé l'action du méthylphénidate généralement plus efficace que celle des autres médicaments.
2. Ils ont assez mal vécu le fait d'avoir dû utiliser des médicaments.
3. Ils estiment que des figures-clés, telles que leurs parents, des enseignants et des éducateurs, leur ont apporté une aide majeure pour surmonter les problèmes de l'enfance.
4. Ils auraient souhaité plus d'informations et de discussions à propos de ce qui ne fonctionnait pas chez eux et de ce que les médicaments signifiaient pour eux.
5. Ils estiment qu'ils auraient dû bénéficier plus des professeurs de réadaptation, d'un accompagnement à l'école, d'une thérapie cognitive, d'une psychothérapie individuelle et d'une thérapie familiale : l'approche de ce syndrome aux nombreuses facettes devait être pluridisciplinaire.

Résumé

Les caractéristiques officielles de l'ADHD – telles qu'elles sont représentées dans le DSM-IV – sont essentiellement concentrées sur les problèmes d'attention et de concentration, l'hyperactivité et l'impulsivité. Or nous avons essayé de montrer que la liste des problèmes qu'un enfant ADHD vit et occasionne est bien plus longue.

VOICI, EXPOSÉS BRIÈVEMENT, LES SYMPTÔMES QUE NOUS AVONS DÉGAGÉS AU COURS DE NOTRE ÉTUDE :

1. Troubles de l'attention et de la concentration
2. Hyperactivité
3. Impulsivité
4. Troubles moteurs : maladresse…
5. Troubles du conditionnement
6. Troubles de l'apprentissage : troubles du traitement de l'information
7. Labilité émotionnelle
8. Problèmes émotionnels
9. Troubles du sommeil
10. Problèmes relationnels
11. Autres problèmes de comportement

QUELQUES POINTS PRÉCIS SUR LESQUELS NOUS AVONS INSISTÉ DANS CE CHAPITRE :

1. Il existe deux malentendus à propos de l'intelligence des enfants ADHD : les enfants ADHD ne sont pas intelligents et les enfants ADHD sont très intelligents.
2. En tant que parents d'enfants ADHD, vous faites partie d'une équipe avec les autres spécialistes. Des spécialistes qui traitent des enfants ADHD sans collaboration étroite avec les parents ne font pas bien leur travail.
3. Au sein de l'équipe, le rôle du pédopsychiatre sera entre autre de vérifier s'il est utile que l'enfant prenne des médicaments. Rappelons à ce sujet que les effets négatifs, émotionnels et sociaux, d'une jeunesse envahie d'échecs sont beaucoup plus importants que ce qui se vit négativement à propos des médicaments. Si ceux-ci sont efficaces, ils n'améliorent pas seulement l'attention et la concentration, mais aussi indirectement l'adaptation sociale.
4. Chez certains enfants, le problème disparaît avec la puberté. Une fois ces enfants devenus adultes, cela se passe relativement bien, même si

les problèmes provoqués par l'ADHD ne disparaissent pas ou ne disparaissent que partiellement. Les gens chez qui les problèmes ne disparaissent pas après l'adolescence resteront hyperactifs et/ou antisociaux.

5. Enfin, il ressort des recherches scientifiques que la prise en charge à la maison et à l'école est de la plus haute importance pour l'évolution ultérieure, et cela aussi pendant l'adolescence.

Supplément à l'intention particulière des professionnels francophones de la santé

J. Y. Hayez [1]

Une partie des professionnels francophones de la santé, et notamment les psychologues cliniciens et les pédopsychiatres, s'avèrent plus sceptiques que les parents face au comportementalisme, quand ils n'ont pas à son égard un a priori de franche hostilité. Je voudrais les convaincre de la valeur que peut revêtir une dimension comportementaliste dans certaines de leurs prises en charge, pour peu qu'elle soit partie intégrante d'un ensemble.

Moi-même, je ne suis ni spécialiste du cognitivo-comportementalisme, ni psychanalyste, ni psychiatre biologique, ni pur systémicien, même si toutes ces grandes écoles de pensée ont inspiré ma pratique, qui se veut éclectique. Est-ce ce qui m'autorise à vous proposer cette réflexion ? Je vous en laisse juge.

---

1. J.Y.Hayez, pédopsychiatre, Docteur en psychologie, responsable de l'Unité de pédopsychiatrie, Cliniques Universitaires St Luc, 10 avenue Hippocrate à B - 1200 Bruxelles.

1. Pourquoi ce plaidoyer pour l'intégration possible d'une dimension comportementaliste dans certaines de nos prises en charges ?

1. Voici comment je lis le message des comportementalistes – du moins des plus purs d'entre eux –, lorsqu'ils proposent leur projet thérapeutique :

> *...Comme bien d'autres thérapeutes, nous attachons beaucoup d'importance à respecter la liberté du sujet humain, qui a à élaborer et à réaliser* ***son*** *projet de vie. Il existe bien quelques exceptions à l'usage individuel de la liberté, lorsqu'il entraîne une grave destructivité pour soi ou pour autrui, mais cette réserve aussi, nous la partageons avec nos collègues d'autres horizons thérapeutiques. Donc,* ***pour peu qu'un sujet soit vraiment intéressé*** *par l'idée de modifier certains de ses comportements dysfonctionnels, grâce à des efforts nouveaux de pensée et d'action, nous pouvons lui proposer des techniques détaillées qui facilitent cette modification; ces techniques l'engagent, lui, et engagent aussi son environnement à modifier des «stimuli» liés aux comportements problématiques; au terme des efforts consentis, la joie d'avoir réalisé un progrès désiré, représente un puissant incitant pour maintenir celui-ci. Nous admettons que les comportements dysfonctionnels initiaux peuvent avoir été mis en place par des sources pathogènes variées et parfois multiples, incluant éventuellement des représentations inconscientes (conflits, images traumatiques...) ou des difficultés relationnelles, mais nous ne nous occupons pas directement de celles-ci, sans interdire que d'autres s'en occupent simultanément; nous croyons que l'effort de modification comportementale consenti* ***peut*** *avoir une efficacité «en soi», même si d'autres sources ne sont pas taries...*

2. Et pourquoi non ? Pourquoi refuser cette possible efficacité d'un effort de la volonté consciente sur tel comportement jugé gênant, effort librement consenti et soutenu par une modification des stimuli – accompagnateurs dans l'environnement ? Pourquoi en refuser le principe, et ceci même lorsque cette dimension behavioriste s'intègre à d'autres ?

J'ai l'impression que notre refus du behaviorisme n'est pas toujours raisonnable, et se fonde plutôt sur des rationalisations, elles mêmes dictées par notre paresse intellectuelle (difficulté à intégrer de nouvelles informations et pratiques s'écartant de nos habitudes)... notre angoisse face à un «inconnu», que nous pressentons très différent de nos modélisations usuelles... notre crainte d'être partiellement dépossédés de notre puissance de thérapeute, etc... Au nom de cela, nous proclamons vite

«C'est mauvais» ou, à tout le moins, «C'est incompatible avec une approche qui est de l'ordre de la recherche de sens», voire même «L'enfant a besoin de son symptôme, si on l'en débarrasse, il en réinventera un autre, plus grave»... ou encore «Le behaviorisme, c'est chercher à remplir le tonneau des Danaïdes : le symptôme persistera si l'on ne parvient pas à lever les vraies causes, inconscientes, etc...»

Or, ces allégations sont contestables, en tout ou en partie : notre objectivité scientifique devrait nous faire acter l'existence d'enfants qui ont été bien aidés par une thérapie behavioriste : ouvrons nos yeux et nos oreilles, si nous le voulons bien, et lisons : tant d'études en attestent, qui ne peuvent pas toutes ne véhiculer que des mensonges!

L'affirmation d'un soi-disant «besoin du symptôme» est loin d'être toujours vérifiée : bien des enfants, soulagés par la disparition parfois mystérieuse d'un symptôme gênant, ne le voient jamais revenir, ni lui, ni un cousin encore plus lourd, même quand les enjeux inconscients ou relationnels liés au cher disparu n'ont pas toujours été bien «travaillés».

Mais je ne désire pas remplacer un militantisme par un autre : il est vrai que **parfois** le déterminisme intrapsychique inconscient ou/et relationnel d'un symptôme est très contraignant, et donc que sa perennité, ou sa résurgence après une éclipse superficielle, demeurent très probables : mais ce n'est pas encore une raison pour refuser toute inclusion behavioriste; voyons-y plutôt l'invitation à une approche **simultanée**, fondée sur une démarche de recherche de sens à laquelle s'ajoutent, si c'est possible et dès que c'est possible, des encouragements à modifier concrètement ce qui dysfonctionne.

Plus profondément, ne devrions-nous pas nous pencher sur nous-mêmes ?

C'est en nous, au cœur de notre identité de thérapeute, qu'existe ce conflit tenace entre nos désirs d'accueillir l'autre tel qu'il est, en lui confirmant son droit à être, et notre tendance à diriger quelque peu sa vie, conflit qui peut se révéler d'autant plus aigu que l'autre serait un enfant encore incomplètement éduqué! Puisque par ailleurs beaucoup pensent, comme moi, que nous n'avons pas à diriger la vie des autres, il nous reste à gérer comme nous le pouvons ce conflit de désirs et de valeurs, en éliminant de nos thérapies nos velléités directives. A ce propos, il nous arrive d'entretenir deux confusions majeures sur lesquelles je me dois d'attirer notre attention :

- Nous confondons souvent «directivité..., ingérence dans la vie de l'autre» avec le seul fait de lui prodiguer des informations, conseils et suggestions concrètes; or, ces «descentes de nous-même sur le terrain de la vie quotidienne» ne sont pas pour autant des actes directifs lorsqu'ils ne font que «prolonger» des intentions déjà assumées par le sujet, en lui en proposant des concrétisations qu'il ne trouve pas lui-même.

– Plutôt que de reconnaître que le conflit est en nous, nous faisons, comme bien souvent, de la projection : nous refoulons vaille que vaille nos tendances à la directivité, dont nous restons vaguement culpabilisés, et nous les projetons sur les behavioristes, déclarés incapables d'accepter la liberté d'autrui.

Pourtant, sur le terrain, beaucoup de thérapeutes d'enfants, psychodynamiciens pour le principal de leur action, ne se permettent-ils à l'occasion un zeste de behaviorisme, en amateurs comme je le suis, mais éventuellement avec plus de mauvaise conscience que je n'en ai ? Je doute, pour ma part, que beaucoup de nos thérapies individuelles d'enfants, de nos guidances parentales conjointes, et autres thérapies systémiques, puissent être et soient si exclusivement centrées sur la recherche du sens que nous le proclamons. N'y allons-nous pas régulièrement de suggestions et de conseils concrets à propos des comportements quotidiens parce que nous pensons que les intentions de nos clients vont déjà dans ce sens sans qu'ils soient capables de les mettre en pratique ? Mais, ce faisant, ne rejoignons-nous pas le cœur de la déclaration d'intention des behavioristes ? Et si nous le faisons, peu ou prou, pourquoi le cacher ? Pourquoi ne pas reconnaître à cette dimension de notre travail sa part de valeur ajoutée ?... Et pourquoi ne pas admettre qu'à l'occasion, des spécialistes en behaviorisme puissent œuvrer positivement à nos côtés... ou tout seuls ?

2. Un accompagnement efficace de l'être humain en souffrance gagne à être biopsychosocial

Voici, dans le désordre, quelques composantes de ce que j'appelle un «accompagnement biopsychosocial» :

1. Il faut tenir compte dans les faits et probablement plus que nous ne le prétendons, de ce que nous appelons «la constitution, l'équipement de l'enfant», équipement qui concerne aussi bien son fonctionnement physiologique – besoins en sommeil, en nourriture, en agir, etc. – et intellectuel que son tempérament (nature et intensité des grands affects et réactivité de base de la personnalité). On pourrait discuter longuement sur le contenu exact de l'équipement et sur ses frontières, mais tel n'est pas ici notre propos : limitons-nous à reconnaître qu'une part du fonctionnement physique et mental de l'enfant lui est largement imposée par son génome, par des agressions somatiques aux séquelles définitives ou par des expériences tellement précoces et intenses que, finalement, elles aussi ont largement figé son fonctionnement. Celui-ci est donc soit destiné à rester immuable soit, s'il se modifie, à le faire de toute façon un peu, et lentement, au rythme même de la nature («lente maturation»). Il existe donc là une «donnée» qui sera présentée selon les cas comme une richesse ou un déficit, mais qui constitue toujours une limite, une butée pour le pouvoir d'action de l'enfant. Bon gré mal gré, nous devrions nous y adapter largement sans lui demander l'impossible [1].

Posons-nous donc honnêtement la question : investiguons-nous toujours suffisamment cette part possible de l'équipement, avec toutes les conséquences qui s'en suivent ? (adaptation d'autrui plutôt que changement radical du sujet; au mieux, paris possibles sur des changements [très] modestes, où le sujet «force un peu» sa nature ou/et en accélère «un peu» la maturation).

Et parmi les faiblesses de l'équipement, ne pourrait-on ranger parfois la défaillance de l'attention et de la concentration, ou l'incapacité à rester calme ?

En adoptant une logique de raisonnement centrée sur la description des moyens d'aide plutôt que sur celle des Instances de l'être, on pourrait dire que le problème des défauts d'équipement est «traité» lorsque le thérapeute engage une thérapie de soutien centrée sur l'aide au deuil, deuil du rêve de l'Enfant Parfait, ou du fonctionnement personnel parfait. Cette thérapie de soutien gagne néanmoins à inclure des interventions «narcissisantes» où le thérapeute met en exergue les richesses concomitantes individuelles ou familiales déjà présentes dans l'équipement de ses vis-à-vis.

2. Prenant en compte l'équipement du sujet, mais voulant le rencontrer au-delà, on peut parler maintenant de «l'aide à la recherche du sens» qui demeure une démarche fondamentale. Selon les habitudes du thérapeute et les exigences des situations, cette aide peut être proposée à l'enfant-problème seul, à ses parents, toute sa famille, voire à d'autres personnes de son environnement.

Dans les grandes lignes, il s'agit de les aider à comprendre : Qui est chacun ?... Qui est la famille ?... Au nom de quoi chacun – et la famille – construit-il son projet de vie ? Que s'ensuit-il comme comportements

1. Ceci dit, si certains médicaments peuvent modifier artificiellement l'expression pénible de certains «défauts», il peut s'indiquer d'y recourir.

individuels et comme interactions ?... Comment le projet d'aujourd'hui s'enracine-t-il dans l'histoire – histoire de chacun et histoire de la famille – et aussi, comment est-il en partie la conséquence des interactions familiales et environnementales d'aujourd'hui ?... Dans l'élaboration du projet, qu'est-ce qui est conflictuel ou déjà serein ? Etc...

Cette recherche du sens porte donc sur des déterminants biologiques constitutionnels, intrapsychiques, familiaux et sociaux de la vie humaine... ainsi que sur la part mystérieuse de la liberté.

Lorsqu'ils encouragent leurs vis-à-vis à réfléchir de la sorte, les thérapeutes espèrent que grandiront leur confiance en eux-mêmes, le droit qu'ils se donnent à être eux-mêmes, et donc leur aptitude à choisir et à poser sereinement des comportements libres, en même temps que diminuera la compulsion à être victimes de symptômes qui leur échappent. En outre les thérapeutes espèrent souvent que, spontanément ou sous la pression des autres, cette libération de soi s'accompagnera d'une sociabilité suffisante : pourrait d'ailleurs aider en ce sens, entre autres, l'identification inconsciente du «client» à l'attitude de respect que le thérapeute a pour lui.

Tous ceux qui travaillent avec des psy gagneraient à ce qu'une telle démarche soit inclue dans leur programme : elle resitue chacun dans ce qui est au cœur de l'être humain : la capacité réflexive, la capacité de se dire, la capacité d'user de sa liberté pour «faire» sa vie.

3. Mais mon expérience de terrain m'enseigne que cette activité de recherche de sens ne suffit pas toujours à rendre la sérénité à l'enfant et à sa famille; il arrive qu'elle n'atténue pas vraiment, à elle seule, des comportements gênants, dont le sujet voudrait cependant se débarasser : elle gagne alors à s'accompagner d'autres catégories d'interventions.

Je ne puis pas les passer toutes en revue. Elles vont des réorientations sociales et scolaires et des séparations aux rééducations et soutiens pédagogiques, en passant par les activités de groupe. En pensant plus particulièrement aux enfants hyperkinétiques, je m'arrêterai à quatre d'entre elles :

a) Administrer un médicament à un enfant peut constituer un acte utile, respectueux de sa nature et notamment des déficits de son équipement. Toute prise de médicaments ne réduit pas ipso facto au silence celui qui le reçoit, ni sa famille, pas plus qu'elle n'amène nécessairement des malentendus majeurs sur ce qui est à l'œuvre. Une fois de plus, ne faisons pas de ces risques possibles un alibi commode à notre (relative) ignorance de la pharmacopée.

«Donner» un médicament, après s'en être expliqué aussi bien que possible avec l'enfant et sa famille, et avoir obtenu leur consentement, peut être une manière comme une autre de reconnaître la crise existentielle par laquelle il(s) passe(nt) et les souffrances cruelles qu'elle provoque et aussi, le cas échéant, de reconnaître les faiblesses actuelles et très gênantes de l'équipement de l'enfant : T. Compernolle en a discuté plus longuement et plus concrètement ailleurs dans l'ouvrage.

b) Recourir à l'occasion à une approche behavioriste de la pédagogie quotidienne peut également donner un coup de pouce intéressant. Quand l'enfant veut vraiment améliorer certains dysfonctionnements, mieux vaut que la recherche de sens déjà évoquée augmente autant que faire se peut sa confiance en soi et génère une intuition plus lucide de la direction de vie qu'il peut prendre, mais au fur et à mesure qu'il avance sur cet itinéraire, on peut proposer, à lui, de recourir à des efforts de changement comportemental plus ciblés et, à son entourage, de supprimer des stimuli gênants et d'en créer des positifs. Ce genre de proposition peut commencer très tôt sur l'itinéraire de la découverte de soi; presque au titre d'un pari précoce!

c) Par ailleurs, tous les échanges d'idées avec l'enfant et ses parents, centrés sur les aménagements de la vie quotidienne ne sont pas que des applications du béhaviorisme, loin de là. Ce qu'on affuble parfois du vilain mot de dimension «orthopédagogique» du programme d'aide comporte surtout des échanges d'informations, des encouragements à s'expliquer et à négocier entre générations, des encouragements à faire de nouveaux paris sur l'organisation du quotidien, des réassurances, des invitations au «modeling» à partir de la manière d'être et de réagir du thérapeute etc..., etc..., toutes interventions qui sont elles aussi susceptibles de constituer des appoints précieux.

d) Lorsqu'il s'agit de gérer des situations humaines difficiles, les groupes réunis à l'initiative des «malades» eux-mêmes ou par leurs parents peuvent eux aussi constituer une ressource très utile : ils offrent aux participants l'opportunité d'une écoute réciproque, d'un partage d'émotions et d'un soutien mutuel; ce sont aussi et surtout d'importants lieux de «partage de compétences» (aide et conseils pratiques).

3. Les enfants dits hyperactifs ou hyperkinétiques [1] sont-ils concernés par une telle programmation d'ensemble ?

Les considérations que je viens d'émettre ne s'adressent pas à une problématique particulière; toutefois, identifier avec plus de précisions les enfants hyperkinétiques nous permettra de mieux comprendre certaines modalités de la prise en charge qui leur sont plus adaptées.

Qui sont les enfants hyperkinétiques ?

La classification française des troubles mentaux de l'enfant et de l'adolescent les fait entrer principalement dans sa rubrique 6.08 «hyperkinésie; instabilité psychomotrice». On peut aussi les désigner par les vocables cliniques courants : enfants hyperkinétiques... hyperactifs... (très) nerveux... (très) agités... (graves) instables psychomoteurs : enfants qui se signalent perpétuellement par un nervosisme intense (gestes et comportements toujours changeants et inachevés) et par une importante distractibilité et impulsivité. Plus inconstamment, ils sont habités par de l'angoisse et une mauvaise image de soi, plus ou moins perceptibles, sans que l'on puisse dire à coup sûr qu'il s'agit d'une composante primaire ou/et secondaire de leur état. Les conséquences de tout ceci sur leur projet de vie et sur leurs relations à autrui sont prévisibles : de grandes difficultés scolaires, des relations familiales souvent tendues et, à la longue, un négativisme pouvant aller jusqu'aux conduites antisociales [2].

Malgré les apparences, les enfants susceptibles de fonctionner habituellement de la sorte relèvent de plusieurs catégories structurales, dont je ne retiendrai que les plus fréquentes :

1. Certains d'entre eux sont porteurs d'une fragilité et d'une dysmaturation cérébrales qui les rendent largement incapables de se concentrer et qui les obligent à bouger. Les neuropédiatres, de même que les neuropsychiatres, ne sont pas tous sur la même longueur d'ondes lorsqu'il

---

1. Dans le texte de T. Compernolle, nous avons parlé d'enfants hyperactifs; une catégorie d'entre eux, les «super-hyperactifs» présentent le syndrome hyperkinétique ou syndrome ADHD. Dans cet alinéa 3, nous emploierons le vocable techniquement plus usuel d'enfants hyperkinétiques pour désigner *tous* ces enfants.

2. Cette évolution vers les conduites antisociales est surtout prévisible si on n'a rien fait pour canaliser le comportement de l'enfant avant la puberté. Se référer par exemple à l'article de T. Compernolle et G. Postmas, «Aandachtskortstoornis met hyperactiviteit, een frequente stoornis bij volwassenen», *Tijdschrift voor psychiatrie*, 1995, 10-37, 769-779.

s'agit de décrire la nature précise de cette dysmaturation : jusqu'il y a une dizaine d'années, on faisait facilement l'hypothèse qu'elle était provoquée par des lésions cérébrales (très) discrètes, d'origine périnatales et l'on parlait de «minimal brain damage» (MBD). Comme on a eu beaucoup de difficultés à objectiver ces lésions, du moins dans la majorité de situations, on pense plutôt que l'on a à faire à des dysfonctions [1] sans support anatomique lésionnel; elles font suite elles-mêmes à des particularités du génome (transmission à tout le moins d'une prédisposition héréditaire) ou à des circonstances encore mal connues de la vie fœtale, de la périnatalité, ou des premiers mois de la vie.

Dans certains cas, cette composante cérébrale semble très nette, et c'est seulement alors que l'on devrait désigner l'enfant comme présentant un A.D./H.D. (attention deficit/ hyperactivity disorder selon le DSM - IV; ce dernier estime d'ailleurs qu'un des pôles peut être dominant – déficit de l'attention *ou* hyperactivité et impulsivité –, ou que les deux sont également représentés). Néanmoins, il est rare que la dysmaturation cérébrale suffise à elle seule à expliquer les vécus et comportements de l'enfant : très vite, il devient insupportable à son entourage et rend celui-ci irritable et dysfonctionnel. Les messages disqualifiants qui s'ensuivent induisent en retour angoisse, agressivité (sentiment d'injustice) et altération de l'image de soi de l'enfant, tous affects négatifs dont il se défend... par d'autres protestations agitées : ainsi son problème devient très vite biopsychosocial.

2. D'autres enfants, très habituellement agités eux aussi, sont surtout, et de longue date, de grands anxieux : on sait que chez certains êtres humains, lorsqu'il y a à faire face à l'angoisse aiguë ou chronique, l'équilibre de répartition des systèmes nerveux sympathique et parasympathique et d'autres caractéristiques neuro-endocriniennes amènent surtout un état de sidération, alors que chez les autres – qui nous concernent ici – il y a surtout activation et, par exemple, «qui-vive perpétuel». Les angoisses anormalement hautes et durables de ces enfants sont souvent liées à leur tempérament, mais aussi, parfois, à l'introjection de souvenirs archaïques terrorisants ou/et de messages relationnels menaçants, archaïques et répétitifs : par exemple, enfants longuement hospitalisés quand ils étaient bébés, passant par de dures épreuves physiques qu'ils ont subies sans, évidemment, y rien

---

1. Par la suite, on a utilisé le sigle MBD dans ce second sens «minimal brain *dysfunction*»... mais son origine historique, ainsi que les confusions possibles entre *D* pour damage et *D* pour dysfunction font que le terme est de moins en moins employé.

comprendre; enfants vécus comme morts-vivants par leurs parents et inconsciemment interpellés comme tels, après qu'un aîné soit décédé ou qu'ils aient fait eux-mêmes une maladie très grave, etc...

3. D'autres encore sont des carencés affectifs, porteurs depuis longtemps d'une image de soi négative, qui s'avèreront d'autant plus probablement agités qu'ils sont élevés dans une ambiance chaotique chargée de menaces pour leur sécurité ou leur vie : ces enfants correspondent le mieux au concept de «dysharmonie évolutive» de la littérature psychiatrique francophone (CFTMEA : 3.01 : *Troubles de la personnalité ou/et du comportement pris dans une dysharmonie évolutive*), (*multiple complex developmental disorder*, en gestation pour un prochain DSM...).

4. D'autres enfin, probablement moins diffusément agités que les précédents, sont tout simplement des enfants dont les pulsions sont «non éduquées» par des parents trop tolérants ou incapables d'autorité : enfants tyranniques, têtes folles, souvent estampillés comme «caractériels».

5. Pour tout compliquer, les différentes catégories structurales que je viens d'évoquer peuvent se combiner entre elles, en des intrications parfois très difficiles à dénouer : certains enfants fonctionnent sur le mode de la dysharmonie évolutive et souffrent en outre d'une fragilité cérébrale qui compromet leur concentration : d'où, au moins en partie, leur nervosisme précoce, encore accru par l'ambiance de rejet et de chaos dans lequel ils ont à vivre. Bref, rien n'est simple ! T. Compernolle reprend également cette discussion dans son livre, mais, ne s'adressant pas d'abord aux professionnels, il se borne à répartir ces enfants en deux catégories selon le degré de gravité des troubles : les «normalement» hyperactifs et les «super-hyperactifs»; chez ces derniers, la composante de dysmaturation cérébrale est évidente et ils méritent donc d'être appelés «enfants ADHD» à condition de se souvenir de l'existence fréquente de comorbidité (par exemple : anxiété, mauvaise image de soi).

Lorsque nous sommes consultés, nous devons donc nous remémorer l'hétérogénéité des structures incriminables, investiguer avec soin chaque enfant et chaque famille pour faire des hypothèses plus fines sur ce qui est en jeu et mettre en œuvre un programme d'aide nuancé. Nous pourrons de la sorte faire chaque fois des spéculations raisonnables sur ce qui revient :

– au constitutionnel, à l'équipement de l'enfant, sur lequel celui-ci n'a pas ou n'a que peu de prise (par exemple : fragilité cérébrale limitant la concentration, tempérament anxieux, etc.);

– aux affects et aux idées de l'enfant, qui lui indiquent qui il est et comment il devrait se comporter aujourd'hui, et qui s'enracinent dans son vécu expérientiel partiellement inconscient et dans sa perception de son environnement : idées théoriquement mobilisables... du moins sur le papier !
– à ses interactions d'aujourd'hui avec son environnement, qui l'aident à se socialiser ou au contraire l'emprisonnent. Ce que les parents – et d'autres encore – engagent dans ces interactions est en partie une réponse aux «actions de l'enfant» et en partie le fruit de leurs idées personnelles, elles-mêmes enracinées dans leur inconscient et dans leur perception de leur environnement : et la boucle est bouclée !

Modalités propres à un programme d'aide destiné aux enfants hyperkinétiques et à leurs familles

En supposant que le dysfonctionnement de tel enfant et de ses relations familiales relève *et* du jeu d'une dimension constitutionnelle (chez lui) *et* de celui de facteurs intrapsychiques et relationnels théoriquement mobilisables, que nous résumerons sous le vocable «Conflits et mauvaise image de soi», il va de soi que le traitement vise à tenir compte de ces deux dimensions du problème. Schématiquement [1], voici quels pourraient en être les constituants :

1. Il s'agit bien d'une schématisation. Sur le terrain la «résultante» de ces différentes composantes consiste en paroles, attitudes et propositions *uniques*, qui intègrent les convictions du moment.

	S'ADRESSE À LA DIMENSION «CONSTITUTIONNELLE»	S'ADRESSE À LA DIMENSION «CONFLITS ET MAUVAISE IMAGE DE SOI»	RÉSULTANTE
1) Information faite à l'enfant et à sa famille, à propos de ce qui est en jeu	Oui Y joindre une information sur les richesses complémentaires de l'équipement	Oui Y joindre une information sur les qualités du projet de vie, déjà à l'œuvre	L'information est donc mixte, composite
2) Réflexion sur le «sens» (via psychothérapies individuelles ou/et familiales)	Oui, elle inclut donc une spéculation sur la part du constitutionnel, du tempérament... Elle entraîne une idée de deuil, deuil du changement rapide du fonctionnement de l'enfant	Oui, recherche des enracinements des comportements dans les expériences de vie, les «messages interactionnels» du moment, la liberté d'autocréation de chacun; Il s'ensuit un premier apaisement, et davantage de lucidité et d'adaptation spontanée aux circonstances externes (souvent)	La recherche de sens entraîne donc l'idée que du changement est possible, mais pas totalement (à cause de la part du constitutionnel)
3) (en complément de 2)	En visant plutôt l'adaptation de l'adulte à l'enfant... ou, pour celui-ci, en s'inspirant de l'adage «Grands efforts pour petits changements» (en effet, ce qui est constitutionnel est peu mobilisable)	En visant, pour certaines applications, l'adaptation de l'adulte à l'enfant, et pour d'autres, la mobilisation des comportements de l'enfant, la réalisation, par lui, de meilleurs compromis - synthèse entre projet personnel et attentes sociales	

	S'ADRESSE À LA DIMENSION «CONSTITUTIONNELLE»	S'ADRESSE À LA DIMENSION «CONFLITS ET MAUVAISE IMAGE DE SOI»	RÉSULTANTE
Il s'agit de : *a)* échanges d'idées sur l'éducation quotidienne	Oui	Oui	
b) rééducations instrumentales (p.ex. psychomotricité) ou/et neuropsychologiques; «remedial teaching»	(Eventuellement)	(Eventuellement)	
c) réorientations scolaires et sociales, jusqu'à l'institution résidentielle	(Eventuellement)	(Eventuellement)	
d) administration de médicaments	Oui, d'autant plus que l'expression de la limite est douloureuse et gênante pour soi et pour les autres - ils permettent parfois de «dépasser» la limite, dans une mesure modérée. P.ex. amélioration de la concentration via psychostimulants	(Eventuellement, prudemment, ils permettent parfois d'atténuer les affects les plus pénibles. P. ex. affects d'angoisse, affects dépressifs. Ne peuvent s'administrer qu'en complément de parties de programme plus «libératoires»	
e) dimension cognitiviste des thérapies	Oui éventuellement, permettent de repenser les stratégies d'adaptation des uns aux autres, et la planification des projets	(idem, éventuellement)	
f) behaviorisme (présent à partir de la thérapie individuelle de l'enfant, ou de la guidance parentale)	Ici, il permet de concrétiser un objectif de deuil du changement important; il permet d'organiser plus efficacement la vie quotidienne autour de l'idée de l'adaptation de l'adulte à l'enfant.	Ici, si l'enfant en accepte le principe, il permet de faciliter la mobilisation de ses comportements (cfr l'idée déjà émise des compromis-synthèses plus satisfaisants)	De facto, la visée du programme est donc «médiane» : une *certaine* adaptation des parents aux limites de l'enfant et une *certaine* mobilisation de celui-ci : une *certaine* imprécision sur ce qui est possible, est inévitable... l'objectif doit s'expérimenter sur le terrain, puis s'évaluer.

Annexes

Livres cités dans le texte

Bisschop, M. et Compernolle T., *Je kind kan het zelf*, Standaard Uitgeverij, Antwerpen 1989.

Diagnostic and Statistic Manual of Mental Disorders, Fourth edition, American Psychiatric Association, Washington D.C. 1994.

Weiss,G. et Trockenberg-Hechtman L., *Hyperactive Children Grown Up. Empirical Findings and Theoretical Considerations*, Guilford Press, N.Y., 1986.

Médicaments cités dans le texte (marques déposées)

Ritalin (Rilatine en Belgique) : est une marque déposée de Ciba/Geigy;

Stimul : est une marque déposée de Certa (pour la Belgique);

Dixarit et Catapressan : sont des marques déposées de Boehringer/Ingelheim;

Tofranil : est une marque déposée de Geigy;

Cybert : est une marque déposée de Abbott (pour la France).

Table des matières